HEYNE
BÜCHER

D1721656

Magda Palmer

Die verborgene KRAFT der KRISTALLE und der EDELSTEINE

Wie man ihre Macht findet, nutzt und anwendet

Deutsche Erstausgabe

WILHELM HEYNE VERLAG
MÜNCHEN

HEYNE RATGEBER
08 / 9193

2. Auflage

Titel der Originalausgabe:
THE HEALING POWER OF CRYSTALS
erschienen bei Rider, Century Hutchinson Ltd., London
Aus dem Englischen übertragen von Dagmar Hartmann

Copyright © 1988 by Magda Palmer
Copyright © der deutschsprachigen Ausgabe
by Wilhelm Heyne Verlag GmbH & Co. KG, München, 1989
Printed in Germany 1990
Umschlagfoto: Studioh! Sigi Bumm-Hengstenberg, München
Umschlaggestaltung: Atelier Ingrid Schütz, München
Satz: VerlagsSatz Kort GmbH, München
Bildteil: RMO, München
Druck und Bindung: Presse-Druck Augsburg

ISBN 3-453-03112-1

INHALT

Einleitung   9

Teil I: Tierkreiszeichen und ihre Edelsteine   12
Die   Notizen zur Numerologie   19
Planeten   Das Sonnensystem   21
             Die Sonne   22
             Der Mond   23
             Merkur   25
             Venus   26
             Mars   28
             Jupiter   29
             Saturn   30
             Uranus   32
             Neptun   34
             Pluto   36

Teil II: Widder (20. März – 18. April)   40
Zeichen   Stier (19. April – 19. Mai)   52
für Zeichen   Zwillinge (20. Mai – 20. Juni)   62
und Stein   Krebs (21. Juni – 21. Juli)   74
für Stein   Löwe (22. Juli – 21. August)   86
             Jungfrau (22. August – 21. September)   96
             Waage (22. September – 22. Oktober)   108
             Skorpion(23. Oktober – 21. November)   118
             Schütze(22. November – 20. Dezember)   130
             Steinbock (21. Dezember – 19. Januar)   142
             Wassermann (20. Januar – 18. Februar)   154
             Fische (19. Februar – 19. März)   164

Teil III: Heilende Steine   184
Heilende Kostbare Gesundheit – edle Steine   184
Steine Energie durch Farbe   191
Pflege und Reinigung   195
Esoterische Reinigung   200
Anweisungen zur Meditation   201

Kostbare Steine, Kostbare Gesundheit:
Die heilenden Steine   205
Alexandrit   205
Amethyst   206
Aquamarin   207
Aventurin   208
Azurit   209
Bergkristall   210
Bernstein   211
Blue John   212
Bowenit   214
Chalkopyrit und Bornit   214
Chrysokoll und Eilatstein   215
Chrysopras   216
Diamant   217
Dioptas (Kupfer-Smaragd)   218
Granat   220
Heliodor   221
Heliotrop (Blutstein)   221
Jade und Jadeit   222
Jaspis   223
Jett (Gagat)   223
Karneol   224
Koralle   225
Labradorit   225
Lapislazuli   226
Magnetit (Magneteisenstein)   227
Mondstein   228
Obsidian   229

Opal   229
Peridot   232
Perle   233
Rhodochrosit (Inkarose)   234
Rhodonit   234
Rosenquarz   235
Rubin   235
Saphir   236
Smaragd   237
Sodalith   239
Spinell   240
Topas   241
Türkis   241
Turmalin   242
Zirkon   244
Zitrin   245

Anhang   Verzeichnis der heilenden Steine   246
Schlußwort   270

EINLEITUNG

Als ich zwölf Jahre alt war, nahm mich mein australischer Vater mit zu den berühmten Jenoland-Höhlen in den Blauen Bergen in Neusüdwales. Die größte und beachtenswerteste dieser Höhlen ist als *Die Kathedrale* bekannt. Die Akustik dort ist so einzigartig, daß ein Mensch, der an einem Ende der Höhle steht, nur ein Wort sagen oder ein paar Töne singen muß, und jede einzige, leise Silbe kann in dem ganzen riesigen Gebiet hervorragend vernommen werden. Ich erinnere mich noch daran, wie mein Vater, der Sänger von Beruf war, Gounods *Ave Maria* sang, um einer Besuchergruppe dieses Phänomen zu beweisen.

Aber nicht nur dieses Erlebnis in den Höhlen erfüllte mich mit Staunen, die Bewunderung galt den riesigen, atemberaubenden Säulen, den Stalagmiten und Stalaktiten, die alle noch immer unmerklich größer werden, wenngleich ich das zu jener Zeit nicht verstand. Ihre gebrochenen Farben, von Orange und Pink bis zu dem sanftesten Gelb und dem strahlendsten Gold, verliehen ihnen das Aussehen riesiger Berge aus köstlichster Eiskrem. Dies war meine erste Einführung in die Welt der Mineralien, die mich seither immer in ihrem Bann gehalten hat.

Dieses Buch handelt von Edelsteinen, also von Mineralien in ihrer vollkommensten Form. Es soll Ihnen sagen, wie Sie sie benutzen und schätzen sollen; wie Sie erkennen können, welches die richtigen für Sie sind, ausgehend von Ihrem Sternzeichen und Ihren körperlichen und geistigen Bedürfnissen; wie Sie sie als Heilmittel für sich selbst und

9

andere einsetzen können. Meine Arbeit als Beraterin bei Harrods in London und bei verschiedenen Heilern und Astrologen in Großbritannien und anderswo hat mir gezeigt, wie sehr das Interesse an Edelsteinen sich in den letzten Jahren verbreitet hat. Vorbei ist die Zeit, in der die traditionelle Lehre über Edelsteine als bloßer Aberglaube abgetan wurde, als Geber und Empfänger in ihnen nichts weiter sahen als die äußere Schönheit, so wundervoll sie auch sein mochte; vorbei auch die Zeit, als alles, was interessierte, der Preis war. Jetzt wird das Wissen aus alten Zeiten zu neuem Leben erweckt, die Beziehung zwischen den Planeten und uns selbst neu interpretiert. Man erkennt die Steine als das, was sie sind: als essentielle Mittler zwischen dem Weltraum, uns selbst und der Erde.

Nun ist der Zeitpunkt gekommen, geschliffene Steine mit wachen Augen zu betrachten. Dieses Buch will dem Leser helfen, sein Wissen zu bereichern und die Freude zu vertiefen, die geistige Erkenntnis und körperliches Wohlergehen und Gesundheit mit sich bringen.

Teil I
DIE
PLANETEN

TIERKREISZEICHEN
UND IHRE
EDELSTEINE

Vor sechstausend Jahren, im alten Mesopotamien, betrachteten zuerst die Sumerer und dann die Einwohner von Ur die Mineralien und Edelsteine, aber auch die Sterne unter dem Gesichtspunkt, ihre Ernten zu verbessern, sich selbst vor menschlichen Feinden und vor den Unbilden der Natur zu schützen. Sie versuchten, die Zukunft zu deuten und die Geheimnisse des Universums zu ergründen – über das sie mehr wußten, als wir in unserem materialistischen Zeitalter ihnen zugestehen wollen. Zu jener Zeit verschmolzen die Rollen des Priesters, Arztes, Sehers, Astronomen und Astrologen zu einer einzigen. Diese Weisen wußten sehr viel über den Hundsstern Sirius (Sirius A, wie wir ihn heute nennen) und seinen Begleitstern, Sirius B, obwohl diese beiden Himmelskörper sich außerhalb unseres Sonnensystems befinden. (Einige primitive Stämme, die weit von Mesopotamien entfernt lebten, kannten sie ebenfalls und glaubten, daß Boten vom Sirius-System zur Erde herabgestiegen waren, um ihren Vorfahren ein gutes Regierungssystem zu schenken und sie die Rechenkunst zu lehren.) Die Sumerer wußten von der großen Dichte auf Sirius B, wußten, daß er fünfzig Jahre benötigte, um Sirius A einmal zu umlaufen. Weil Sirius A der hellste Stern am Nachthimmel ist, brachten sie ihn und seinen Begleitstern mit dem indigoblauen Stein, dem Lapislazuli, zusammen, den sie auch ihren Göttern zuschrieben.

Aber dies war noch nicht all ihr Wissen. Die Sumerer polierten und schliffen so harte, kostbare Substanzen wie den Bergkristall, den Amethyst und den Achat; mit herrlichen Steinen schmückten sie ihre Gebäude und Statuen, und für Könige und Wohlhabende dienten sie als Grabbeigabe. Außerdem hatten sie bereits, wenn auch auf andere Art als wir, die allgemeinen Verbindungen zwischen dem Planeten Erde und dem restlichen Sonnensystem begriffen und erkannten die Funktion der Mineralien als Bindeglied zwischen diesen beiden.

Sie stellten folgende Verbindungen mittels der Farbe her: rosa und scharlachrote Steine paßten zu dem rostroten Ton von Mars, der im April, wenn das sumerische Jahr begann, am Himmel aufstieg; grüne Steine standen für Venus, die erschien, wenn die Erntezeit kam, wenn die Menschen sich anschickten, die grüne Fülle des Sommers zu genießen; Blau für Merkur, den Herrn der blauen Himmel und lauen Tage; Violett für den herbstlichen Saturn; und Hellblau reflektierte den schmelzenden Schnee auf fernen Bergen, der unter Jupiters Regentschaft fiel. Der Sonne wurden alle gelben Steine zugeschrieben, und dem Mond Perlen und Muscheln vom Persischen Golf.

Zweifellos waren diese Assoziationen zu einfach und in mancher Hinsicht irreführend, und doch waren sie intelligente Interpretationen der damals bekannten Tatsache (Chemie, die Basis der modernen Zuordnung, war unbekannt); und das Wissen der Bewohner des alten Mesopotamien, das von den Ägyptern übernommen und später im Alten und Neuen Testament wiedergegeben wurde, bedeutete den Grundstein für Kenntnisse, auf die wir heute noch bauen. Die Frage, die wir in unserer heutigen, von den Naturwissenschaften bestimmten Zeit stellen müssen, lautet: Wie kann man zeigen, daß eine Verbindung zwischen Edelsteinen und Planeten wirklich besteht?

Um diese Frage zu beantworten, sollten wir erst einmal bedenken, daß die ungefähr neunzig Elemente, aus denen jegliche Materie auf Erden besteht, einschließlich aller Mineralien und des menschlichen Körpers, da draußen in den Planeten repräsentiert werden, ebenso wie die Mineralien der Erde selbst. Deshalb ist es nicht nur wahr, daß niemand eine Insel ist: Auch kein Planet ist eine Insel, und unsere Körper reagieren auf himmlische Vibrationen über das Medium Edelstein. Wenn Sie nahe einer Wand in einem Zimmer stehen und in die Hände klatschen, wird sich dadurch eine Feder bewegen, die auf einem Tisch nahe der gegenüberliegenden Wand liegt. Anders ausgedrückt könnte man sagen, daß ein Edelstein die Rolle eines elektrischen Transformators übernimmt, der die Hitze und die Vibrationen seines planetarischen Herrschers auffängt und sie verstärkt weitergibt.

Wissenschaftliche Beweise legen nahe, daß alle Dinge eins sind, in dem Sinn, daß alle chemischen Substanzen und Elemente auf Erden und auf anderen Planeten Teilchen unserer Galaxis sind, der unglaublichen Milchstraße, die leicht mehr als einhundert Millionen anderer Sonnensysteme neben unserem enthalten könnte, die alle zusammen mit dem Universum im Augenblick des Urknalls, dem hypothetischen Schöpfungsmoment, geboren wurden. So haben wir unser Leben lang die ›Melodie‹ unseres herrschenden Planeten in unserem Körper, und niemals ist dieser planetarische Einfluß so stark wie im Augenblick unserer Geburt, wenn wir uns unseren Weg in die Welt bahnen. Sowohl die Mutter als auch das Kind brauchen zu dieser Zeit die zugehörigen Steine in ihrer Nähe, um die planetarischen Einflüsse noch zu verstärken. Und diese Einflüsse bleiben.

Ein weiteres Argument läßt sich aus der Aktivität der Natur ziehen, selbst aus der anorganischen Natur. Mineralien haben die spektakulärste und langwierigste pränatale Geschichte jeglicher Substanz. Wenn ein Minenarbeiter oder Goldsucher einen Edelstein entdeckt, der in der Erde liegt, dann ist er nicht immer in diesem Zustand dort gewesen. Im Gegenteil, er ist mehrmals, über einen Zeitraum von Millionen von Jahren, abwechselnd größer und kleiner geworden, ist Hitze und Kälte ausgesetzt gewesen, die von den enormen Umwälzungen der Erde hervorgebracht wurden.

Es gibt vier Substanzen, die zwar als Mineralien bezeichnet werden, eigentlich aber dem Tier- oder Pflanzenreich zugeordnet werden müssen. Zwei davon sind Bernstein und Jet. Sie befinden sich in der Erdkruste; sie können geschliffen und poliert werden wie Stein. Die beiden anderen sind Koralle und Perle. Diese stammen vom Wasser und Wasserlebewesen. Die wirklichen Mineralien sind anders. In der Zusammensetzung anorganisch, besitzen sie genau jene Elemente, die man in jedem Stück Materie des Sonnensystems finden kann, in Planeten und Monden, Asteroiden, Kometen und Meteoriten bis hin zu bloßem Staub. Deshalb stehen sie, obwohl sie auf unserem Planeten gebildet werden, in direkter Verbindung zu ihren korrespondierenden Elementen der außerirdischen Himmelskörper.

Und dieser geheimnisvolle Prozeß der Schöpfung hält immer noch an. Während wir eine wunderschöne Landschaft bewundern, den Schatten eines Waldes genießen oder auf dem Gipfel eines hohen Berges um Atem ringen, sammeln sich unter unseren Füßen ständig Mineralien, so, wie sie immer noch in der planetarischen Masse produziert werden. Die Übereinstimmung zwischen dieser Aktivität auf der Erde und den Planeten ist ein weiterer Grund, warum wir versuchen sollten, in Harmonie mit beiden zu leben.

Im Hauptteil dieses Kapitels werden die Steine beschrieben, die jedem Tierkreiszeichen zugemessen sind; aber zuerst sind einige Erklärungen erforderlich. Wie Sie sehen werden, ist dieses Kapitel nicht in Zeichen, sondern in Halbzeichen unterteilt – erste Hälfte Skorpion, zweite

Hälfte Fische und so weiter. Es wird häufig vergessen, daß jedes Zeichen des Tierkreises, als die Wissenschaft der Astrologie vor nunmehr Tausenden von Jahren entwickelt wurde, genau einen Monat umfaßte – Steinbock den Januar, Wassermann den Februar und so weiter. Im Laufe der Jahrhunderte haben die Himmelskörper bei ihrer Reise um die Sonne andere Positionen eingenommen, so daß jedes Sonnenzeichen jetzt vor dem ersten Tag seines ursprünglichen Monats beginnt und mitten darin aufhört. Die in diesem Buch angeführten Daten gelten für 1988. Sie werden auch weiterhin von Jahr zu Jahr variieren.

Aufgrund dieser Tatsache ziehen gewissenhafte Astrologen den astronomischen Jahresalmanach oder -Kalender zu Rate, um möglichst genaue Vorhersagen geben zu können. Da die Himmelskörper sich auf ihrer Reise um die Sonne vorwärts bewegen, ist der Einfluß der Herrscher jedes Tierkreiszeichens auf die Erde in jedem Augenblick unterschiedlich stark. Deshalb ist es wichtig, ›mutable areas‹, das heißt, veränderliche Gebiete, festzusetzen. Nehmen wir Widder als Beispiel: Obwohl sein Hauptherrscher Mars ist, schwingt in der ersten Hälfte die Sonne mit, während die zweite als untergeordneten Herrscher Jupiter aufweist; ähnlich steht es mit dem von Merkur regierten Haus der Zwillinge, die in der ersten Hälfte von Venus, in der zweiten von Uranus beeinflußt werden.

Als nächstes wird Ihnen auffallen, daß jeder Unterteilung des Tierkreises nicht nur eine Klassifizierung von Steinen zugeteilt ist, sondern deren drei – der ›kostbare Kristall‹, der ›Talisman‹ und der ›Kopfkissen-Kiesel‹. Grob gesagt entspricht jeder einem Wertungsgrad, wobei der Edelkristall, wie schon der Name sagt, der kostbarste ist, wert als Schmuck gefaßt oder in der Tasche mitgetragen zu werden (am besten in Seide eingeschlagen). Als nächstes kommt der Talisman, ein Glücksbringer, wie uns das Lexikon erklärt; er wird getragen, um das Böse abzuwenden oder dem Besitzer Glück zu bringen. Am wenigsten kostbar, doch nicht weniger schön ist der bescheidene ›Kopf-kissen-Kiesel‹, häufig ungeschliffen, aber deshalb nicht weniger eng zu dem Tierkreiszeichen gehörend als die beiden anderen Kategorien. Die Auswahl aus zwei oder mehr Steinen, die zu Beginn der Zeichen angeboten werden, erlaubt jedem, nach seinem Geschmack zu wählen – und außerdem zu kaufen, was der Geldbeutel erlaubt. Man braucht nicht gleich aufzugeben, wenn manche Steine nur schwer zu beschaffen sind. Niemand sollte aus einem dieser Gründe der Chance beraubt werden, hübschen Schmuck zu tragen oder eine Sammlung von Steinen aufzubauen. Wenn Sie die geeigneten Steine auf eine der hier angeführten Arten benutzen, wird das zu Ihrem allgemeinen Wohlbefinden beitragen und Sie in Übereinstimmung mit den Energien Ihres astrologischen Zeichens und seines herrschenden Planeten bringen.

Wenngleich dieses Buch von den wohltätigen Kräften der Steine handelt und nicht von ihren ästhetischen Eigenschaften (obwohl diese häufig angesprochen werden), und obwohl es nicht als Leitfaden für Händler gedacht ist, mögen ein paar Hinweise doch hilfreich sein. Gewöhnliche oder Gartenmineralien werden üblicherweise als *Steine* bezeichnet (das heißt alles, was locker ist und sich von der Erdoberfläche lösen läßt); wenn zwei oder mehr Minerale einer bestimmten Zusammensetzung sich zusammenfügen, nennt man die daraus resultierende Formation *Gestein*. Steine, die sich zum Schleifen und Tragen eignen, werden *Edelsteine* genannt und kommen im Vergleich mit allen auf der Erde gefundenen Mineralien nur selten vor. Doch die Natur ist auch in ihrer Erzeugung großzügig, und wenngleich die meisten Spielarten seit Tausenden von Jahren bekannt sind, tauchen von Zeit zu Zeit immer wieder Variationen bereits existierender Spezies auf. Gelegentlich wird unter viel Freude und Aufregung ein völlig neuer Edelstein entdeckt. Einige von ihnen sind auf den folgenden Seiten aufgeführt und beschrieben.

Der Wert eines Edelsteines hängt in der Regel von seiner Schönheit, Seltenheit und Härte ab. Je höher der Preis, desto deutlicher zeigen sie den Zauber der Natur, denn ihr gelingt es, aus den gewöhnlichsten Basismaterialien die funkelndsten und herrlichsten Gebilde zu schaffen. Ein Diamant ist nichts weiter als kristalliner, gewöhnlicher Kohlenstoff. Das berühmteste Mineral von allen, der Bergkristall, ist eine klare Variante des Quarz, entstanden aus zwei der häufigsten Substanzen der Welt, aus Silikon und Sauerstoff. Rubine und Saphire sind eine Mischung aus Aluminium und Sauerstoff, mit Spuren verschiedener Metalle, die die unterschiedlichen Färbungen bewirken. Tatsächlich ist die Farbe in Edelsteinen ein weiteres Paradoxon, denn von wenigen Ausnahmen abgesehen (z. B. Turmalin und Opal), sind die prächtigen Färbungen, die das Vergnügen und den Preis steigen lassen, nicht das Ergebnis eines großartigen Designs der Natur, sondern zufälliger Unreinheiten. (Der Amethyst, beispielsweise, ist im Grunde ein Bergkristall, dessen helles bis dunkles Violett durch Eisenoxid verursacht wird.) Von der Farbe unterschieden werden muß der Glanz, der von der Reflexion und der Beschaffenheit der Oberfläche eines Steines abhängt. Der Türkis verfügt über einen wächsernen Glanz, Diamanten und Zirkone über einen harten, Mondsteine wirken seidig, und so weiter.

Die wohltätige Wirkung der Steine kommt von selbst. Da ihre atomare Struktur immer dieselbe ist, helfen sie Ihnen gleichermaßen im ungeschliffenen wie im geschliffenen Zustand, egal, ob sie gefaßt oder ungefaßt sind, getragen werden oder auf einem Tisch liegen. Sie tun das sogar, wenn die Planeten, denen sie zugeordnet werden, am weitesten von der Erde entfernt sind – aber natürlich: je näher, desto besser.

Es ist auch nicht wahr, daß die einzigen Steine, die Sie zu Ihrem Nutzen tragen können, diejenigen sind, die vom astrologischen Gesichtspunkt her Ihrem Planeten zugeordnet werden. Niemand steht unter der Herrschaft eines einzigen Planeten. Wir sind eine Mischung aus vielen Elementen, und alles, was im Sonnensystem vorgeht, spiegelt auf die eine oder andere Weise alles wider, was auf der Erde geschieht. Also entspannen Sie sich. Lassen Sie Ihre Steine für sich arbeiten, gleichgültig, wie ›passiv‹ Sie selbst oder die Steine scheinen mögen. Wenn Sie sich beschäftigen wollen, dann ›orchestrieren‹ Sie Ihre Steinsammlung, das heißt, sie nach Farben oder Formen zu gruppieren. Auf diese Weise werden die Steine aneinander arbeiten, und gleichzeitig arbeiten sie auch für Sie. Ihre Steine sind da, um Sie auf Ihren Planeten einzustimmen, das ist alles.

Schließlich werde ich mich auf den folgenden Seiten auf die Mohssche Härteskala beziehen. Dabei handelt es sich um einen praktischen Test, den der Wiener Mineraloge Friedrich Mohs vor mehr als anderthalb Jahrhunderten vor allem für Händler entwickelte. Der Test findet auch heute noch, trotz seiner Ungenauigkeiten, Anwendung. Nach dieser Maßeinheit rangiert der Diamant ganz oben, mit einer Härte von Zehn aus Zehn; Talkum ist am niedrigsten, Eins aus Zehn. Was uns hier interessiert, ist der esoterische Nutzen, den wir aus den Zahlen der Mohsschen Skala und anderen Zahlen ziehen können. Um dies zu erläutern, beende ich diese Einführung mit

Notizen zur Numerologie

Einfach ausgedrückt behauptet das Gesetz der Numerologie – »das Studium der okkulten Bedeutung von Zahlen« (Webster's Dictionary) –, daß alle Zahlen Einzelziffern sind und sich zwischen Eins und Neun einschließlich bewegen. So wird die Zahl 10, die aus zwei Ziffern besteht, zu einer Einzelziffer gemacht, indem man die erste und zweite Ziffer addiert, also Eins und Null, und das Ergebnis $1 + 0 = 1$ erhält. Nach demselben Prinzip wird 23 zu 5 (2 +

3 = 5), aber 19 wird zu 1 durch Einfügen eines zusätzlichen Schrittes: Zuerst addiert man Eins und Neun (1 + 9 = 10), dann addiert man Eins und Null (1 + 0 = 1). Endergebnis: 1.

So weit, so gut. Aber nun müssen wir die Zahl kennen, die entsprechend der astrologischen Tradition jedem Himmelskörper in unserem Sonnensystem zugeordnet wird: Die Sonne = 1; der Mond = 2; Jupiter = 3; Uranus = 4; Merkur = 5; Venus = 6; Neptun = 7; Saturn = 8; Mars = 9.

Pluto, der 1930 entdeckt wurde, hat keine traditionelle Zahl, aber die westlichen Astrologen haben sich nahezu einstimmig für die Doppelziffer 22 entschieden. So wird diese Zahl, plus ihr Vielfaches um 2, 3 und 4 – also 44, 66 und 88 – als Sonderfall behandelt und ausschließlich für Pluto verwendet.

Auf den folgenden Seiten, auf denen Edelsteine und ihre Sterne aufgelistet sind, werden immer wieder gewisse numerische Assoziationen aufgeführt, die sich in Verbindung mit der Mohsschen Härteskala von diesen Zahlen herleiten. So wird beispielsweise darauf hingewiesen, daß der Diamant, mit einer Härte von 10 auf der Mohsschen Härteskala, sowohl mit der Sonne (1 + 0 = 1) als auch mit dem Neptun in Verbindung gebracht wird, auf dem man reiche Vorkommen dieses Edelsteins vermutet. Rosa Saphir (Härte 9) korrespondiert mit Mars (astrologische Zahl 9), Peridot (Härte 5) gehört zu Merkur (astrologische Zahl 5) und so weiter.

So fügen sich das uralte astrologische Wissen und ein Zweig der esoterischen Mathematik (die zufällig den Bedürfnissen des praktischen Computer-Zeitalters entsprechen) zusammen, um den Menschen die Harmonie mit dem Universum zu schenken, die größte Gunst, die ihnen zuteil werden kann.

DAS
SONNENSYSTEM

»Die Planeten in ihrer strahlenden Bahn«, dieses poesievolle Wort wird weniger romantisch in Hutchinson's ›New 20th Century Encyclopedia‹ als »nichtleuchtende Himmelskörper, die sich in unterschiedlicher Entfernung und unterschiedlichem Zeitraum um die Sonne drehen« beschrieben.

Fünf von ihnen (zusätzlich zu unserem eigenen Planeten Erde) sind seit frühester Zeit bekannt. Drei sind erst in neuerer Zeit entdeckt worden: Uranus 1781, Neptun 1846 und Pluto 1930. Seither hat die Wissenschaft spektakuläre Schritte in der Erforschung des Weltraums unternommen, angefangen mit der Weltraumrakete Mariner II, die 1962 unsere Kenntnisse über die Venus veränderte. Bald schon könnten auch die Geheimnisse des Mars zumindest teilweise enthüllt werden. Und ich spreche noch gar nicht vom ersten ›richtigen Mann‹ auf dem Mond ...

Ehe ich mit der detaillierten Liste von Steinen und Tierkreiszeichen fortfahre, möchte ich den Leser zu einer Reise in den Weltraum einladen, angefangen bei unserer Sonne und dem Mond und dann weiter bis zu fast unvorstellbaren Entfernungen. Der Merkur dreht sich in einer Entfernung von 57,91 Mio. Kilometern von der Sonne, nach astronomischem Standard gemessen ein Katzensprung und deutlich sichtbar. Pluto, der sich wirklich am Rande unseres Sonnensystems befindet, ist nicht mehr als ein Fleckchen auf dem Teleskop eines Wissenschaftlers und hundertmal weiter entfernt.

Aber nah oder fern, astrologisch gesprochen sind alle Planeten gleich, was ihre tatsächliche Kraft angeht. Die folgenden Seiten werden erklären, warum sie sich in bezug auf ihre Einflußkraft dennoch unterscheiden.

Die Sonne

Die Sonne ist unser Tagesstern, nur einer unter einhundert Billionen in der Galaxis der Milchstraße. Sie besteht größtenteils aus den Gasen Wasserstoff und Helium, wobei sich durch natürliche, nukleare Reaktionen innerhalb des Sonnenkörpers aus dem Wasserstoff Helium entwickelt hat. Für die Wissenschaftler ist die Sonne ein ziemlich gewöhnlicher, mittelgroßer Stern, weil sie in den vergangenen drei Billionen Jahren relativ stabil gewesen ist, wenngleich sie ständig schaukelt, blubbert und rollt und uns eine enorme Vielfalt von verwirrenden Oberflächenbildern bietet, wie zum Beispiel ›Sonnenflecke‹ (magnetische Stürme), ›Reflexlichter‹ (heftige Ausbrüche) und geheimnisvolle atmosphärische Strukturen. Tief in seinem Innern verfügt dieses leuchtende, kugelförmige Inferno über einen natürlichen Dynamo, der sich alle elf Jahre selbst umkehrt und durch seinen Ausstoß an Energie sicherstellt, daß die explosiven Feuer anhalten, die alle Planeten, Monde und überhaupt jegliche Materie im Umkreis von guten 5900 Mio. Kilometern erwärmt und beleuchtet.

Die Sonne ist mit einem Durchmesser von 1 392 530 km mehr als 300 000mal so groß wie die Erde und fast 100mal so groß wie alle Planeten, Satelliten und festen Objekte in unserem Bereich der Milchstraße. Ihre Anziehungskraft ist so stark, daß alle Himmelskörper in ihrem Bereich sie umschwärmen wie Höflinge ihren König. Der Planet, den wir bewohnen, steht der Sonne nach Venus und Merkur am nächsten und wird gefolgt von Mars, Jupiter, Saturn, Uranus, Neptun und Pluto. Soweit wir wissen, ist der zuletzt erwähnte Planet am weitesten entfernt und befindet sich am äußersten Rand des Sonnensystems. Die Temperatur im Kern der Sonne wird auf ungefähr siebzehn Millionen Grad Celsius geschätzt, die Oberflächenhitze auf 5500 Grad. Deshalb besteht keine Affinität mit Wasser.

Eine Korona, eine leuchtende Hülle aus ionisierten Gasen, umgibt die Sonne. Aus ihr ergießt sich mit einer Geschwindigkeit von Hunderten von Kilometern pro Sekunde der ›Sonnenwind‹, ein Strom aus kochenden Atomen, der alle 92 bekannten Elemente unseres Sonnensystems enthält. Der solare Wind ist von der NASA als relativ ›wohlfeile Gelegenheit‹ für interstellare Reisen ausgenutzt worden. Die Sonne wird manchmal auch als ›solare Glühbirne‹ bezeichnet, weil sie alles sichtbar macht und unsere natürliche Lichtquelle ist. Ihre weißen Strahlen enthalten eine Kombination aller Farben des Regenbogens, von Rot und Orange über Gelb und Grün bis zu Blau, Indigo und Violett. Jede Farbe hat ihre eigene Frequenzwelle und wird nur sichtbar, wenn Interferenz das Verschmelzen des Spektrums durchbricht.

Das einzige Tierkreiszeichen unter der Oberherrschaft der Sonne ist ›Leo‹. Obwohl sowohl von indianischen als auch westlichen Astrologen erkannt, ist es doch die westliche Schule, die diesem Zeichen seinen Namen, nämlich ›Löwe‹, gegeben und ihm das ›Feuer‹ als Element zugeteilt hat.

Der Mond

Die lunare Welt wird zu Recht ›Das Meer der Ruhe‹ genannt, denn auf ihrer Oberfläche wird niemals etwas gestört. Angefangen vom kosmischen Geröll bis hin zu den Fußabdrücken der Apollo-Astronauten ist noch alles da und wird auch Billionen von Jahren dort bleiben.

Es gibt Beweise, daß in fernster Vergangenheit auf dem Mond eruptive Aktivitäten stattfanden, aber das war, ehe dieser Planet im Dornröschenschlaf zu dem sanften Gegenstück der geschäftigen Erde wurde – ja, es war vermutlich zu einer Zeit, als die Erde noch nicht existierte. Ohne unseren lunaren Tanzpartner gäbe es keine Gravitationsenergie, um Ebbe und Flut unserer Meere zu bewirken. Unsere dunklen Abende würden auch nicht von einer silbrigen Reflexion des Sonnenlichtes erhellt werden.

Aus der romantischen Fiktion wurde Realität, als tatsächlich Bilder der gespenstischen weißen Landschaft via Satellit zur Erde gefunkt wurden, die hohe Bergketten, tiefe, gewundene Schluchte, flache Basaltebenen und riesige, kreisrunde Krater, die bombardierende Meteoriten einst geschlagen hatten, zeigten. Der Mond war nicht länger ein bloßes, unerreichbares Licht am Himmel.

Für die Wissenschaftler ist der Mond eine Art ›Weltraum-Museum‹, von dem Staub und Gesteine gesammelt und analysiert werden können, was dazu beiträgt, die Geheimnisse der Geschichte unseres Sonnensystems zu lüften. Die sauerstofflose Oberfläche des Mondes hat Billionen Tonnen von Solaratomen gefangen, die noch genauso frisch sind wie zu dem Zeitpunkt, als sie vor drei Billionen Erdjahren vom Sonnenwind dorthin getragen wurden. Grüne, kristalline Steinstücke, vor geschätzten vier Millionen Jahren entstanden, und leuchtende, transparente, schwarze Kristalle, die sich in einem dreieinhalb Millionen Jahre alten Mondfelsen verbergen, sehen heute auf den Fotos der Weltraumwissenschaftler jünger aus als Gestein, das ein Vulkan vor langer Zeit auf der Erde ausgespien hat. Auf unserem Planeten wären diese Mineralien längst durch etwas erodiert, das es auf dem Mond nicht gibt – durch unser Wasser (H_2O). Weniger romantisch ist der Mond also ein lebloser Planet.

Auf dem Mond finden sich viele Mineralien, die den unseren ähneln. Dazu gehören Silikon, Kalzium, Eisen, Titan und Magnesium, Blei, Natrium und Kalium. Ein Teil des Mondbodens ist von winzigen Glasperlen bedeckt, die durch frühere Hitzeausbrüche entstanden sind. Der Mond hat zahlreiche Gebirge. Sein Durchmesser beträgt 3476 km, nur ein Viertel von dem der Erde (12 756 km).

Indianische und westliche Astrologen stimmen darin überein, daß die Krebsgeborenen vom Mond beherrscht werden. Ihr Element ist Wasser, weil der Mond die Tiden und »alle Wasser unter der Erde« kontrolliert, wie es in der Bibel heißt, einschließlich unserer eigenen Körperflüssigkeit. Das Symbol des Wassers ist der Krebs.

Merkur

Der Planet Merkur wird von einer farblosen Schicht aus Steinstaub bedeckt. Seine gefährliche Position als nächster Nachbar der Sonne zeigt sich in seinem gebleichten, pokkennarbigen Antlitz und dem rauhen, von Kratern übersäten Körper. Passend zu dem pechschwarzen Himmel des Merkur kennzeichnen satanische Schatten die intensiv beleuchteten, weißen Berge, die hoch aufragen, während sich schimmernde Ebenen unterhalb von Klippenpfaden erstrecken, die sich tausend Meter weiter oben entlangwinden. Diese bleiche, wirre Landschaft erhält ihre Form durch vulkanische Aktivitäten und ausgeprägte Schrumpfung, die vor langer Zeit, in der fernen Vergangenheit des Merkur, stattgefunden haben, während sich auf dunkel spiegelnden Lavagebieten narbige Felsen zeigen, dort, wo das leichtere Material des Planeten von abgespaltenen Sonnenstrahlen gebacken worden ist.

Dies ist die östliche, sonnenversengte Seite des Planeten, mit einer Tagestemperatur von 400 Grad Celsius. In direktem Gegensatz dazu, und als wäre sie von einem Engel berührt, steht die westliche, der Venus zugewandte Seite. Hier verhüllt der Abend die brutale Landschaft mit einem

Schleier aus Dunkelgrau, und die Temperatur fällt auf dramatische Minus 183 Grad. Die Finger der untergehenden Sonne schleudern blaue, goldene und grüne Lichtstreifen himmelwärts, die dann ins ferne All fliegen, wo sie schließlich im Flug verschmelzen. Unsere Erde und unser Mond werden als blaue Zwillingssterne angesehen; das Licht des strahlenden Planeten Venus leuchtet mit der Klarheit geschliffenen Kristalls und wirft hypnotische Schatten über das beruhigte Land. Der Sonnenwind füllt die Oberfläche des Merkur wieder mit Helium auf.

Diese wasserlose Welt aus metallischen Mineralien verfügt über eine ultra-langsame Achsumdrehung, die sich jeden Tag und jede Nacht zum Äquivalent von fast neunundfünfzig vollständigen Erdumdrehungen ausdehnt, und doch ist sein Jahr mit 87,969 Erdtagen das kürzeste im Sonnensystem. Dieser Planet, der allein auf einer exzentrischen Ellipse durchs All schießt, hat keinen Mond. Dieser (wahrscheinlich von Pluto abgesehen) kleinste Planet an unserem Himmel (mit 4878 km Durchmesser) ist zurecht nach dem flinken Götterboten benannt worden, dem Sohn des allmächtigen Zeus und Maia, der Göttin der Nacht.

Nach der indianischen Astrologie fällt das Zeichen der Zwillinge unter die helle Seite Merkur, Jungfrau unter die dunkle. Auch die Astrologen der westlichen Schule plazieren diese beiden Zeichen unter die Herrschaft des Merkur. Das Kennzeichen der Jungfrau ist eine Frau mit dem Element Erde. Das Symbol der Zwillinge stellt Artemis und Apollo dar, die Kinder des Zeus, Bewohner der Luft.

Venus

Als einziger Planet in unserem männlich orientierten Sonnensystem nach einer Frau benannt, zeigt die Venus ihre Individualität dadurch, daß hier die Tage länger sind als die Jahre. Zu diesem Resultat gelangt sie, indem sie in

Schneckengeschwindigkeit rotiert, während sie gleichzeitig die Sonne mit atemberaubender Geschwindigkeit umkreist, was die Reise auf bloße 224,7 Erdentage reduziert. Die langsame Rotation hat noch einen weiteren, ungewöhnlichen Effekt: Venus ist die einzige Welt mit gleichbleibender Temperatur bei Tag und Nacht.

Diese dampfende, ausgedörrte Namensvetterin der römischen Göttin der Liebe hat eine Oberflächentemperatur von ca. 475 Grad Celsius, heiß genug, um Blei zu schmelzen. Das düstere, graue Gebiet hat eine starke, orangefarbene Kruste und ist ständig von schwefelhaltigem Regen aus einem in hohem Maße elektrisch geladenen Himmel bedroht, in dem Blitz und Donner Stürmen von taifunartiger Heftigkeit folgen, die wagengroße Felsbrocken über eine wie von Faustschlägen benommene Oberfläche katapultieren. Doch diese gewaltige Herrin des Himmels kann ihre Haltung urplötzlich ändern, und obwohl der Planet flammendheiß bleibt, streicheln sanfte Winde mit ungefähr drei Kilometer pro Stunde über geborstene Felsen und Steine aus Lava, Salz und Schwefel.

Man schätzt den Durchmesser des Planeten Venus auf 12 400 km; mit einer atmosphärischen Dichte, die 100mal so groß ist wie die der Erde, fängt die Venus Hitze und Licht ein und hält sie fest, gibt nur sehr wenig an ihren winzigen Nachbarn Merkur ab, der auf seiner nicht der Sonne zugewandten Seite kalt und dunkel bleibt.

Mexikanische Mythen überliefern uns von ihrem obersten Gott: »Nach seinem Tod stieg Quetzallcoatls Herz auf und wurde zur silbernen Venus.«

Sowohl die Astrologen der Indianer als auch die des Westens sind der Ansicht, daß sowohl Stier als auch Waage von der Venus beherrscht werden. Die Weisen des Westens schreiben dem Sternzeichen Stier als Emblem den ›Stier von Minos‹ und als Element die Erde zu, während das Kennzeichen der Waage die Waage der Justitia ist und ihr Element die Luft.

Mars

Obwohl nach dem Gott des Krieges benannt, ist der Mars tatsächlich ein außergewöhnlich friedvoller Planet, der sich einer zarten Atmosphäre und sanfter, verstreuter Wölkchen an einem lachsfarbenen Himmel rühmt. Winde, deren Sanftheit ihre Geschwindigkeit (24 km/h) Lügen straft, fegen über das mittelgrüne Terrain mit den von Meteoriten-Narben übersäten Kratern. Sie eilen dahin, um die andere Seite des Planeten zu erreichen, wo die gewellte Landschaft zerstörte, erdbeerfarbene Sanddünen mit grünlichen Schatten umfaßt. Im Gegenatz zu seiner arthritisch wirkenden grünen Seite wird die untergehende Sonne hier Felsmassen beleuchten, wird die Bänder ausgetrockneter Flußbetten bronzen färben, die sich Hunderte von Kilometern durch rosig-braune Wüsten winden, um schließlich in Nebentäler zu münden.

Auf dem Mars ist es viel kälter als auf der Erde. Die Nachmittagstemperatur am Äquator beträgt nie mehr als 26 Grad Celsius. Die Marsnacht ist wirklich dunkel, denn die beiden Monde des Planeten, Phobos und Deimos, bestehen aus dunklen, unregelmäßigen Klumpen von Materie. Der Mars war einmal wie die Erde; die beiden Planeten weisen viele Ähnlichkeiten auf. Obwohl ein Mars-Jahr dreiundzwanzig Erdmonaten entspricht, benötigen beide ungefähr 24 Stunden, um sich um ihre Achse zu drehen, auf beiden gibt es vier Jahreszeiten, und jeder hat Polkappen mit Eis. Der Mars weist eine Rotationsneigung von 30 Grad auf, ähnlich der der Erde, obwohl sein Durchmesser nur 6794 km beträgt gegenüber dem der Erde von 12756 km oder dem unseres Mondes von 3476 km.

Rosa ist die Farbe unvoreingenommener Liebe, blau ist der unmittelbare Nachbar Erde auf der Außenseite der Sonne; er leuchtet für uns mit sanfterer Brillanz als die Venus auf der Sonnenseite.

Indianische Astrologen sagen, der Mars zeige seine rosa Seite dem Widder und die grüne dem Skorpion. Westliche Astrologen sehen im Mars den Planeten, der den Widder beherrscht, wählen den Widder im goldenen Vlies zum Zeichen (›Mars‹ rückwärts gelesen und ohne ›s‹ ergibt ›ram‹ = ›Widder‹ in der engl. Sprache) und das ›Feuer‹ zu seiner Substanz. Für sie steht Skorpion unter der Herrschaft des Pluto mit einem zusätzlichen untergeordneten Einfluß des Mars.

Jupiter

Jupiter verdient wohl den Spitznamen ›Wütender Stier des Universums‹, den man ihm manchmal gibt, denn er befindet sich im dynamischen mittleren Teil des Sonnensystems, und enorme Luftwellen gehen von ihm aus. Seine sich drehende Masse schwelgt in wirbelnden Farben, von Gelb, Schwarz und Braun, unterbrochen durch kleinere Flecken Mittelblau und Rosa. Ein heftiger Sturm in Form eines großen, roten Fleckes hat sein Antlitz in den letzten drei Jahrhunderten bedroht. Diese gigantische Kugel, die nach dem römischen Äquivalent zum großen Gott Zeus benannt wurde, legt eine nicht nachlassende Wut an den Tag.

In Jupiters nahem Himmelsbereich zerfetzen heulende Winde unter pathetischen Entschuldigungen Wolken, während aus den Tiefen seiner gashaltigen Atmosphäre fedrige Wolken einer lebhaften, unbekannten Substanz intensives, unermeßliches, ultraviolettes Licht emporschleudern, das jedem Erdbewohner den Tod verspricht, der unverschämt genug ist, sich dorthin zu wagen.

Über diesem Durcheinander schweben, wie eine Gruppe verschreckter Engel, fünf große, alabasterfarbene Monde, fast im Stillstand. Diese erstarrten Kombinationen aus Ammoniak, Kohlendioxyd und Stickstoff glitzern und schimmern, während grell orangefarbene Spinnweben und blaue elektrische Ströme eisigen Flitter von frostigen Hüllen schnippen. Zeugen des Zornes ihres Meisters werden außerdem ungefähr dreizehn freie Monde.

Io ist der wichtigste Satellit des Jupiter, seine Königin. Er leuchtet hellrot und gelb aufgrund der Vorkommen von Eisen und Schwefelelementen, die von den ersten aktiven Vulkanen hervorgebracht wurden, die man außerhalb der Erde entdeckt hat. Myriaden schimmernder goldener Heiligenscheine krönen seine Oberfläche. Durch ein Teleskop kann man sie sehen, wie sie von weißen Schneeflecken auf der ansonsten pechschwarzen, verkohlten Oberfläche reflektiert werden.

Jupiter ist der größte Planet in unserem Sonnensystem. Der enorme Durchmesser von 142 800 km ist mehr als achtmal so groß wie der der Erde, und ist erstaunliche 3018mal größer, was die Masse angeht. Er braucht knappe zehn Stunden für eine Rotation, gegenüber den 24 Stunden der Erde, obwohl es fast zwölf Jahre dauert, bis er die Sonne einmal umrundet hat. Von unserem Planeten aus gesehen, glüht er in einem gleichmäßigen, gelbgrundigen, blaugrünen Licht – täuschende Ruhe ausstrahlend. Er ist schrecklich kalt.

Sowohl die indianischen als auch die westlichen Astrologen ordnen Schützen und Fische dem Bereich des Jupiter zu, aber die Weisen des Westens sind der Ansicht, daß nur die Schützen völlig vom Jupiter beherrscht werden. Als Symbol wählten sie den zentaurischen Bogenschützen, und als Element das ›Feuer‹. Die Fische werden zwar vom Jupiter mitbeherrscht, unterliegen aber eher Neptun.

Saturn

Ein großer, goldbrauner Ball, umgeben von wirbelnden, kreisförmigen Gruppen aus leuchtendem Licht, die wie Regenbogen aussehen – so erscheint der Saturn, der ›Zauberer des Weltalls‹. Keine andere Welt kann sich mit diesem herrlichen Meisterwerk (mit einem Durchmesseer von 120000 km) messen, das nach der zweitältesten Gottheit des römischen Kaiserreichs benannt worden ist, dem Gott der Fruchtbarkeit.

Ungefähr neun Ringe schmücken diesen Planeten. Sie bestehen aus Tausenden von Partikeln aus kosmischem Staub und reflektieren das Licht der Sonne durch ihre Umhüllung aus gefrorenen Gasen. Keiner dieser Brocken ist größer als 100 km im Durchmesser; einige sind sogar nur zehn km groß. Auf ihrer eigenen Umlaufbahn umrunden sie den Planeten Saturn, der wiederum selbst 10759,26 Erdtage oder 29,46 Erdjahre benötigt, um die Sonne zu umkreisen. Aufgrund dieses langsamen Dahinschleppens, oder vielleicht auch, weil er nach einem alten Gott benannt ist, wurde der Saturn falsch klassifiziert und fälschlicherweise mit schweren Erdmineralien identifiziert. Tatsächlich hat dieser zarte Planet das leichteste Körpergewicht aller Planeten in unserem Bereich der Milchstraße, und sehr hübsche strahlendblaue und tiefviolette Schatten kennzeichnen seine weißliche, gelbbraune Oberfläche mit den nicht deutlich abgegrenzten Flecken.

Ein ausgesprochen ungewöhnliches Merkmal des Saturnhimmels ist eine lange, bandähnliche Wolke, die unterhalb mindestens zwanzig außergewöhnlich geformten Wasser-Eis-Monden treibt, die viel größer sind als die märchenhaften Domänen, aus denen sich seine Reflexionsringe zusammensetzen.

Da er so weit von der Sonne entfernt ist, wird der Saturn nur schwach beleuchtet, obwohl es leicht ist, einen kleinen, kreisenden roten Fleck auszumachen, der sein Antlitz überzieht und von dem man annimmt, daß es sich um einen drohenden Sturm handelt. Seine Wetterbedingungen scheinen jedoch stabil, zweifellos, weil diese sechste Welt in unserem Planetensystem ununterbrochen und in gleichbleibendem Maße die dreifache Menge Wärme abstrahlt,

die sie von der Sonne empfängt. Jenseits dieser unglaublichen Welt beendet der Solarwind seine Reise, verstreut
seine nachlassende Kraft von der Sonne auf die neun kreisenden Höfe, deren Billionen von Regenbogen den Saturn
wirkungsvoller und mit mehr Juwelen krönen, als irgend-
ein König ansammeln könnte.

Die Astrologen der Indianer ordneten die Wassermann-
und Steinbock-Geborenen dem Saturn als Herrscher zu,
aber ihre Kollegen im Westen erlauben nur den letzteren,
allein vom Saturn beherrscht zu werden; sie plazieren die
Wassermann-Geborenen, denen sie nichtsdestotrotz einen
untergeordneten Einfluß des Saturn zugestehen, unter das
Zeichen des Uranus. Deshalb müssen Wassermann-Gebo-
rene, die dieses Buch lesen, ihre Mineralien beim Uranus
suchen. Die Schule des Westens bestimmt für Steinbock-
Geborene den Steinbock als Symbol und die Erde als
Element.

Uranus

Die eisige Temperatur auf dem Uranus ist mit 180 Grad C
unter Null kaum als freundlich zu bezeichnen, aber sein
kaltes Licht, das ungefähr 1000mal so hell ist wie das des
Vollmondes auf der Erde, lädt zu merkwürdigen Träume-
reien ein. Alle möglichen Grünschattierungen, von Salat-
grün bis Olivgrün, dämpfen die sanften Vertiefungen des
Planeten, lassen sie tiefer wirken, während ähnlich gefärb-
te, in der Luft schwebende Eiszapfen an Märchenwälder
denken lassen.

Dieser grüne Riese, mit einem Umfang von 51 800 km,
enthält Spuren des geruchlosen Methangases, das leichter
ist als Luft und eine niedrige Temperatur aufweist. Es ist
ein Hauptbestandteil von natürlichem Gas und Petroleum
und findet sich auf der Erde häufig in der Nähe von Wasser. Als Folge davon schlossen viele Wissenschaftler auf
Vorkommen von Wasser auf Uranus. Auch neigten sie zu

der Annahme, daß es auf dem Planeten Sauerstoff, Kohlenstoff, Stickstoff, Silikon und Eisen gibt. Diese bringen ihrerseits zusammen Wasserstoff, Helium, Methan und Ammoniak hervor.

Von diesem außergewöhnlichen Planeten geht keine innere Hitze aus. Wie ein kleiner, dicker Mann, der sich nach einem Sturz nicht mehr erheben kann, rollt er in den 85 Erdjahren oder ungefähr 31 053 Tagen, die er benötigt, um die Sonne zu umkreisen, seitlich dahin. Ob Sie es glauben oder nicht, der wärmste Platz auf diesem Planeten ist wahrscheinlich sein Nord- oder Südpol, nicht sein Äquator.

Am Himmel des Uranus stehen zwei ziemlich große Monde, die von schimmernden, eisig wirkenden Höfen gekrönt werden. Sie sind nach dem König und der Königin aus Shakespeares *Sommernachtstraum* benannt und spielen getreulich ihre Rolle: den eifersüchtigen und eingebildeten Oberon, der nicht wünscht, daß Titania ihn aussticht, und die stolze Königin, die nicht nachgibt, so daß sie beide Lichtperlen von sich schleudern, Energien zur Sonne hin verströmen.

Drei kleinere Satelliten kümmern sich um Titania und Oberon. Da ist einmal Umbriel, der seine Gegenwart nur durch ein scheues Funkeln verrät, dann Miranda in ihrem dunklen Umhang, und schließlich Ariel, der versucht, die Bewunderung des königlichen Paares zu gewinnen, indem er leuchtende Kugeln abwirft. Über ihnen krümmen sich die aufmerksamen schwarzen Ringe des Uranus, der siebten Welt von der Sonne, und erinnern daran, daß dieser Planet nach dem Vater der antiken Götter – Uranos – benannt wurde, der zusammen mit seinem Weib Gäa (Erde) die Titanen, Zyklopen, Furien und andere schreckliche Geschöpfe der Mythologie hervorbrachte. Uranus wurde von Herschel entdeckt, dem Hofastronomen König Georgs III.; er schrieb, daß er den Planeten umbenennen wollte in George, »da er offiziell zuerst unter dessen Regentschaft leuchtete. Gott schütze den König«. Das Ergebnis war Gelächter, dem eine lange Zeit des Schweigens folgte. Sollte dieser neue Planet den Namen seines Entdeckers, des Königs oder des ältesten der Götter erhalten? Sechzig Jahre waren nötig, um eine Entscheidung zu treffen.

Die Astrologen der Indianer erkennen den Uranus nicht an, aber die Weisen des Westens ordnen ihm den Wassermann zu. Die Luft ist sein Element, und der Wasserträger sein Symbol.

Neptun

Dieser 1846 entdeckte Planet scheint von einem Meer dichter Wellen bedeckt zu sein, die von Haufen schön geformter Diamanten gekrönt werden, die im Licht der fernen Sonne schimmern. Diese märchenhafte Beschreibung mag weit hergeholt klingen, aber tatsächlich beweisen die letzten Messungen der Dichte der Oberfläche des Neptun, daß sie nicht wie bei den meisten anderen Planeten aus Gasen besteht, sondern aus sehr heißem Wasser, das einen Steinkern umgibt, der allein schon ungefähr sechsmal so groß ist wie unsere Erde.

Die Diamanten des Neptun müssen aus denselben chemischen Substanzen und Elementen zusammengesetzt sein wie diejenigen der Erde, und höchstwahrscheinlich ist der Planet reich daran. Das Geheimnis ihrer wahrscheinlichen Existenz liegt in dem erstarrten Methan-Gas. Zusammen mit anderen, noch nicht identifizierten Bestandteilen, die weiße Bänder bilden, die das Antlitz Neptuns und die Wolken, die seinen Himmel überziehen, umgeben. Wenn man Methan-Atome teilt, wird daraus Kohlenstoff. Dieser wiederum verwandelt sich unter dem Einfluß großer Hitze und unter Druck zu Diamanten. So läßt sich das Vorkommen von Diamanten auf dem Neptun vernünftig erklären.

Dieser Planet, mit einem Durchmesser von 50 540 km, bewegt sich schnell und dreht sich in solchem Tempo, daß die Tage und Nächte nur sechzehn bzw. achtzehn Stunden dauern. Dennoch braucht er 164,80 Erdjahre, um seine Reise um die Sonne zu vollenden. Die Geschwindigkeit seines Wirbelns baut Druck auf, zuerst auf der leicht abgeflachten Ober- und Unterseite des Planeten, dann auch auf den beiden Seiten. So ist die Vorstellung dieses Planeten als funkelnder, blaßblauer Ballon, der im All schwebt und von weißen Ringen umkreist wird, nicht nur wissenschaftlich fundiert, sondern auch künstlerisch befriedigend.

Ebenfalls befriedigend, zumindest für Science Fiction-Fans, ist der Gedanke, daß der beste Ort, an den man sich nach einer unaussprechlichen Katastrophe auf Erden zurückziehen könnte, Triton sein würde, der größte Mond des Neptun; denn dieser Satellit verfügt über eine erdähnliche Atmosphäre und könnte möglicherweise menschliches Leben erhalten. Leider rotiert Triton auf erschreckend unstabile Weise, taumelt rückwärts, verliert sein Zentrum, und das hat zur Folge, daß diese selbstmörderische Masse sich wahrscheinlich zersetzen wird (wenn auch nicht vor Ablauf von zehn oder sogar hundert Millionen Jahren), wenn Triton seinem eigenen Planeten Neptun zu nahe kommt. In der Zwischenzeit könnte der Mensch möglicherweise das erdähnliche Eisen und die Silikonminerale vom felsigen Gebiet des Triton nutzen, dessen Kraterlandschaft ihn an den Mond der Erde erinnert.

Neptun ist die achte Welt von der Sonne aus gesehen, benannt nach dem alten römischen Gott der Meere, dessen griechisches Gegenstück Poseidon war. Triton, der Sohn Neptuns und Amphitrites, der Göttin des Meeres, wird in der Legende als Fisch mit Menschenkopf dargestellt. In der Welt der Planeten ist Triton, mit einem Durchmesser von 35 000 km kaum weniger als Dreiviertel des Neptun im Vergleich zu unserem Mond riesengroß, denn dieser hat nur ein Viertel der Größe der Erde.

Die indianischen Astrologen beachten Neptun nicht, aber gemäß der Tradition des Westens werden die im Zeichen Fische Geborenen von ihm beherrscht, mit einem untergeordneten Einfluß von Jupiter. Das Symbol der Fische-Geborenen sind zwei Fische, die Kopf an Schwanz dargestellt werden. Ihr Element ist das Wasser.

Pluto

Am Rande des Sonnensystems, 5900 Mio. km von der Sonne entfernt, rotiert unberechenbar Pluto. Hier handelt es sich um die geheimste Welt in unserem Bereich der Milchstraße. Niemand kennt ihre chemische Zusammensetzung. Niemand kennt ihre genaue Größe – obwohl die Astronomen Berechnungen angestellt haben, die auf Vergleichen mit unserem Mond basieren. Danach schätzen sie den Durchmesser auf maximal 2700 km. Mit der dreihundertfachen Kraft des Vollmonds auf der Erde funkelt die ferne Mittagssonne wie eine blendende Nadelspitze am Himmel Plutos, eine Zone des Dämmerlichts auf flacher, erstarrter Oberfläche. Purpur, schiefer und tiefrot gefärbt ist er zurecht nach dem Gott der Hölle benannt, dem Bruder Jupiters und Neptuns. Charon, der mit seinem Boot die Seelen der Toten über den Styx in den Hades gebracht hat, gibt dem Mond des Pluto seinen Namen. Dieser Satellit bewegt sich, in bezug auf seinen Planeten gesehen, weder nach Norden, Süden, Osten noch Westen, sondern hängt fest darüber, ein Riese verglichen mit unserem Mond, dessen Größe er sechs Mal übertrifft. Gemeinsam umkreisen diese beiden frostigen Gebilde, die bei der Entstehung des Sonnensystems geschmolzene Feuerkugeln waren, langsam die Sonne, wobei sie 247,7 Erdjahre (oder mehr als 90 000 Tage) benötigen, um ihre Reise zu beenden. Während ihrer sechstägigen Rotationsphase haben Pluto und sein Mond die haarsträubende Angewohnheit, die Umlaufbahn des Neptun zu kreuzen, ihres nächsten Planetennachbarn, in einer Art himmlischer Version des russischen Rouletts. Wissenschaftler behaupten, sie würden von der hypnotischen Kraft angetrieben, die der Neptun auf Plutos Mond ausübt. Pluto und der Planet Erde sind, wieder nach Ansicht der Astronomen, die beiden einzigen Welten mit einem doppelten Planetensystem, aber da hört die Ähnlichkeit zwischen beiden auch schon auf, denn die Erde und unser Mond sind fast fünfmal weiter von einander getrennt als Pluto und sein Fährmann.

Obwohl die westlichen Astrologen Pluto berücksichtigen, wird er von den Indianern als vulgärer Eindringling verworfen (er wurde erst 1930 entdeckt und auch da zuerst aufgrund mathematischer Berechnungen, nicht durch direkte Beobachtungen). Im Westen wird dieser neunte und von der Sonne am weitesten entfernte Planet als Herrscher über Skorpion-Geborene mit einem untergeordneten Einfluß des Mars gesehen. Die unter diesem Zeichen Geborenen haben den Wüstenskorpion als Symbol – in neuester Zeit auch den Adler – , und Wasser als ihr Element.

Teil II
ZEICHEN FÜR ZEICHEN
UND
STEIN FÜR STEIN

Erste Hälfte Widder

(20. März – 3. April):

Kostbarer Kristall

Rosa Diamant

Eine ›Phantasiefarbe‹ nennt man im Diamantenhandel kostbare Steine erstklassiger Qualität, die schöne und ungewöhnliche Färbungen aufweisen. Einer der seltensten unter ihnen ist der Rosa Diamant. Die beste Qualität dieses Steines findet sich im westlichen Australien. Er ist der kostbare Kristall, der zur ersten Hälfte des Sternzeichens Widder gehört, das vom Mars beherrscht wird und die Sonne als veränderlichen Körper hat. Lassen Sie uns zuerst auf die veränderliche Masse eingehen. Da sollten wir festhalten, daß der Diamant aus einem einzigen Element, dem Kohlenstoff, gebildet wird. Einzigartig dabei ist, daß dieses Element sich selbst bindet, wenn es erhöhten Temperaturen oder extremem Druck ausgesetzt wird; danach wird es zu einem Kristall, besser bekannt als Diamant. Der Diamant weist, wie die Sonne, keine Affinität mit Wasser auf. Er kann sehr hohen Temperaturen widerstehen – entsprechend dem Sonnenlicht – und verfügt über ›Feuer‹ und ein einzigartiges Farbenspiel in einem transparenten Material.

Niemand weiß, was dem Rosa Diamanten seine Farbe gibt, aber da die erste Hälfte Widder die Sonne als veränderlichen Körper und den Mars als wahren, himmlischen Regenten hat, muß der Rosa Diamant ihnen als kostbarer Kristall zugeordnet werden. Mehr noch, angesichts der Tatsache, daß der Mars kein Wasser hat und daß die Populär-Astrologie davon ausgeht, daß das Widder-Individuum von der roten (in Wirklichkeit rosa) Seite des Mars beherrscht wird, entspricht der Rosa Diamant diesem sanften Planeten aus rostig-rosigem Gelände und dem sanft getönten, rosigen Himmel bis ins letzte Detail.

Rosa Saphir ist ein zweiter kostbarer Kristall für die erste Hälfte Widder. Er ist stark genug, um mit der Sonne als veränderliches Gestirn bei einer Härte von 9 (der Zahl, die nach der Numerologie dem Mars zugeteilt wird) fertigzuwerden. Man nimmt an, daß seine Farbe von einem Hauch Eisen und Chrom erzeugt wird. Bei diesem Stein herrscht die metallene Komponente vor; es handelt sich um einen der am intensivsten leuchtenden Steine, die es gibt.

Zweite Hälfte Widder

(4. April – 18. April):

Kostbarer Kristall

Alexandrit

Diese seltene Abart der Chrysoberyll-Familie absorbiert Licht im kritischen gelb-grünen Teil des Spektrums, was dem Kristall bei Tageslicht deutliche dunkle moosgrüne und bei Kunstlicht sanfte taubengraue oder erdbeerrote Färbungen verleiht. Manchmal findet man Alexandrit auch in blasseren Schattierungen. Gefärbt von dem metallenen Element Chrom, enthält er tatsächlich das seltene Metall Beryllium und außerdem Aluminium. Das erstere verbindet ihn mit dem Planeten Jupiter, von dem die Wissenschaftler glauben, daß ihn seltene Metalle in Massen umschwirren. Der Beryll ist die einzige kommerzielle Quelle von Beryllium, welches wiederum, als eines der leichtesten metallenen Elemente vom spezifischen Gewicht her gesehen, das Gegenstück sowohl zum Jupiter als auch zum Mars darstellt.

Aufgrund seines wechselnden Farbspiels wird der Alexandrit bei Tage häufig für einen Smaragd, bei Nacht für einen Amethyst gehalten. Er ist wegen seiner Besonderheit von Kennern sehr geschätzt. Auch ein alter Schurke, ein Frauenheld aus vergangenen Zeiten, erkannte seinen Wert und benutzte ihn, um unschuldige Mädchen hinters Licht zu führen. Er erzählte ihnen, wenn der Smaragd, den sie bei Tage sahen, sich bei Nacht in einen Amethyst verwandeln würde, so wäre das ein Beweis seiner unsterblichen Liebe.

Da der Alexandrit am Geburtstag von Zar Alexander II. (29. 4. 1818) entdeckt wurde und die russischen Nationalfarben aufweist, wurde er der wichtigste Edelstein Rußlands. Er wurde erstmals am Ufer des Takowaja-Flusses im Ural gefunden, später auch in Brasilien, Madagaskar, Zimbabwe und Sri Lanka.

Der *Rhodonit* ist ein weiterer kostbarer Kristall für Menschen, die in der zweiten Hälfte unter dem Sternzeichen Widder geboren wurden. Ob durchscheinend oder durchsichtig, dieser wenig bekannte und seltene Kristall reflektiert das rostig-rosa Terrain des Mars und seinen rosa bis sanft rosarot getönten Himmel. In Übereinstimmung mit Jupiter weist der Rhodonit eine grünliche Färbung auf, wenn er Unreinheiten enthält, aber seine Basisverbindung ist insoweit variabel, als seine Mangan-Elemente durch Kalzium oder Eisen ersetzt werden können. Dieser Edelstein weist eine mittlere Härte von 5½ – 6½ von 10 auf, ist aber dennoch sehr tragbar und fühlt sich mit dem frostigen Mars und Jupiters Entfernung von der Sonne recht wohl.

Der opake, halbedle Rhodonit mit seinem prächtigen Spektrum von hellrosa, Erdbeer- und Himbeertönen, oft von Schwarz gesäumt, wurde von Carl Fabergé bevorzugt, dessen adlige Kundschaft kleine Vasen, Kästchen und Tierfiguren aus Rhodonit bestellte. In Anbetracht dieser Tatsache könnte man meinen, daß die beste Qualität aus Rußland kam. Tatsächlich findet man den Rhodonit erster Qualität in der Nähe der heißen, staubigen Stadt Broken Hill in Neusüdwales, Australien. In weniger spektakulärer Schönheit kommt er aus Rußland und Amerika.

Sonnenstein

Ein rötliches Schillern, hervorgebracht von einem winzigen Einschluß von Hämatit, Lepidokrit und ähnlichen Materialien auf gelbem oder bräunlich-gelbem Hintergrund, ist für diesen Edelstein charakteristisch. Lepidokrit ist ein Mineral aus durchsichtigen roten bis orange-roten Kristallen, das sich in Eisen findet, und Hämatit ist ein richtiges Eisenerz. Beide gehören zum Planeten Mars.

Der Sonnenstein imitiert mit seinem rot- und goldgefleckten Feuer, das in einem Schmuckstück auf sensationelle Art funkelt und glitzert, die Sonne. Für gewöhnlich wird er mit runder oder halbrunder Oberfläche geschliffen. Weist der Sonnenstein rote Flecken auf, heißt er Jaspis – ein weiterer Geburtsstein der Widder.

Ein zweiter Talisman für diese Widder ist der dunkelgrüne, mit roten Flecken versehene *Heliotrop*. Sein Name wird von dem griechischen Wort abgeleitet, das ›Sonnenwende‹ bedeutet. Er ist auch als ›Bloodstone‹ bekannt (im Deutschen wird mit ›Blutstein‹ ein schwarzer Stein mit roten Flecken bezeichnet; Anm. d. Ü.). Dieser legendäre Schmuckstein, von dem man einst annahm, er würde das Gelb der Sonne in Karmesinrot verwandeln, wenn er in Wasser getaucht wird, hat seinem Träger immer Glück gebracht. Er gehört zur Familie der Chalzedone, die sich für gewöhnlich bei niedrigen Temperaturen bilden und aus ihnen in Farbe, Zusammensetzung und Formation ein irdisches Mineral machen – eine Parallele zum Mars. Die Indianer, Araber und Babylonier trugen Amulette aus geschnittenem ›Blutstein‹.

Fehlen dem Heliotrop die roten Flecken, nennt man ihn *Plasma* (durch Chlorit grün gefärbter Chalzedon – ein weiterer Edelstein für den Widder). Das Dunkelgrün entsteht durch ein als ›Grünerde‹ bekanntes Material, das aus Zersetzung von Augit und Hornblende hervorgegangen ist.

Zweite Hälfte Widder
(4. April – 18. April):
Talisman

Bowenit

Die alten Perser nannten ihn ›Sang-I-Yashim‹, die Maoris auf Neuseeland ›Tangiwaiit‹, und wir kennen ihn als Bowenit, den Talisman der Widder der zweiten Hälfte.

Früher ordnete man dem Widder als Talisman Steine von leuchtender und greller Färbung zu, vielleicht aus Unwissenheit darüber, daß die Masse des himmlischen Herrschers Mars nicht grell, sondern gedämpft rot ist, und die andere Seite grün aussieht.

Der Bowenit mit seiner sanften, geheimnisvoll grünen Durchsichtigkeit gehört zur Familie der Serpentine; mit einer Härte von $5\frac{1}{2}$ ist er mehr als doppelt so hart wie andere zu dieser Gruppe gehörende Steine. Neben metallenen Elementen, die dem Mars zugehören, enthält er auch Eisen. Wundervolle Exemplare kommen in Amerika, Afghanistan, China, Kaschmir und Neuseeland vor, im letztgenannten weist der grüne Bowenit einen Hauch Blau auf, das den für gewöhnlich blassen Stein sichtbar tiefer wirken läßt. Für den durchschnittlichen Geldbeutel sind prachtvolle Bowenit-Perlen, Schmuck und Schnitzereien erschwinglich. Die Schnitzereien werden im allgemeinen in China gearbeitet und dann als ›chinesische Jade‹ verkauft. Manchmal kann man einen echten Talisman aus Bowenit aus dem Pandschab in guten Antiquitätenläden finden.

Zur Erinnerung an die Geburt des Zarewitsch Nikolaus (18. 5. 1868) entwarf Carl Fabergé eine Präsentationsuhr aus Bowenit, geschmückt mit rosig schimmerndem und weißem Transluzidemail, mit Diamanten im Rosenschliff, vergoldeten Silberfiguren und Platintauben.

Ein weiterer Talisman für die zweite Hälfte Widder ist eine transparente, bräunlichrote oder durchscheinend gelblich-braune Varietät aus der Gruppe der Chalzedone: der *Karneol*. Um die Mitte des sechsten Jahrhunderts fingen die Griechen und Phönizier an, Edelsteine mit Bohrern und Schneidrädern zu bearbeiten. Karneol war dabei das Lieblingsmaterial dank seiner feinen granulatähnlichen Zusammensetzung, seiner Verfügbarkeit und seiner verschiedenen Schattierungen, die sie meisterhaft einzusetzen wußten. Der Künstler verwendete den Bohrer als ›Pinsel‹ und den Stein als ›Farbe‹ und ›Leinwand‹ zugleich: Hellere Bereiche des Karneols wurden sorgfältig herausgearbeitet als kunstvolle Frisuren, als äußere Falten von Kleidern, während aus den dunkleren Tönungen Gesicht und Körper gestaltet wurden. Ein beliebtes Thema war der ägyptische Skarabäus, den man als Ring trug und als Siegel verwendete. Die geschnitzte Ringseite des Käfers wurde längs auf ein Gewinde gesetzt. So war es möglich, sie umzudrehen und die Unterseite mit den eingravierten persönlichen Insignien zu enthüllen.

Auch Carl Fabergé liebte die Arbeit mit dem Karneol. Besonders prachtvoll ist seine mit Gelbgold, weißem Email und Diamanten im Rosenschliff geschmückte ›Pumpkin Box‹.

Cinnabarit

Für den zweiseitigen, vom Mars regierten Widder ergibt sich als ›Kopfkissen-Kiesel‹ eine dreifache Kombination aus rotem Cinnabarit mit Dolomit und Quartz. Der neolithische Künstler zerrieb Cinnabarit zu Puder für seine Höhlenmalereien mit Tieren und Jagdszenen.

Der Name Cinnabarit leitet sich von dem persischen Wort für Drachenblut ab. Um ungefähr 100 v. Chr. bestellten die Römer 4500 t Cinnabarit aus Spanien, wo es noch heute abgebaut wird. Es enthält bis zu 86% Quecksilber und ist das wichtigste, dieses Metall enthaltende Mineral.

Die sanfte Welt des Mars mit seiner lichten Atmosphäre befindet sich in Harmonie mit den roten Kristallen dieses Steins und seinen feinen, transparenten Kanten, um so mehr, da Cinnabarit häufig in Adern in der Nähe abkühlender vulkanischer Faltungen gefunden wird, die den Vulkanen auf dem Mars entsprechen. In Labortests stößt der rote Cinnabarit bei Erhitzung grünliche Dämpfe aus, deren Farbe dem alten Gesicht des Mars entspricht.

Wie der Cinnabarit ist auch der *Dolomit* ein weiches Material, durchsichtig bis durchscheinend, und für gewöhnlich perlweiß oder perlgelb – daher sein anderer Name, Perlspat. Seine Kristalle sind ziemlich häufig und lassen sich nur schwer von jenen des Kalzit unterscheiden. Das Mineral wurde nach dem Mann benannt, der diese Varietät 1791 als erster entdeckte: Deodat Dolomieu. Als Kohlendioxydquelle ist der Dolomit das korrekte Gegenstück zur Sonne.

Quarz, die Vervollständigung des Trios der ›Kopfkissen-Kiesel‹ für die erste Hälfte Widder, entspricht für gewöhnlich dem Planeten Saturn; aber man kann das Mineral, das auf der Erde am häufigsten vorkommt, visuell akzeptieren, um die dramatische Zurschaustellung von Scharlachrot in seinen drei verschiedenen Strukturen zu vervollständigen.

Youngite

Stellen Sie sich eine zerklüftete feste, rosige Masse vor, die von Sternenstaub schimmert, und Sie haben Youngite, den ›Kopfkissen-Kiesel‹ der zweiten Hälfte Widder. Genaugenommen handelt es sich um roten Jaspis mit rekristallisierter Oberfläche, ein festes, opakes Material, das eine herausragende Rolle in der Schmuckgestaltung des neuen Ägyptischen Königreiches (1500 – 900 v. Chr.) spielte. Zu jener Zeit liebte man Ohrringe, breite Halsreifen, doppelreihige Gürtelschnallen, Armreifen und -bänder mit Anhängern, in einer farblich abgestimmten Mischung aus Kugeln, Glas, Metallperlen und verschiedenen Steinen. Als Bindeglied diente rötlicher Jaspis, der häufig in Form eines kleinen Fäßchens geschnitten war. Er entsprach dem Boden des Planeten, der den Widder beherrscht und von dem wir heute wissen, daß er Rosa in allen Schattierungen hervorbringt.

Die Natur veränderte die äußere Erscheinung dieser Chalzedon-Varietät, indem sie ihr eine Oberfläche aus durchsichtigen und winzigen Bergkristallen verlieh und dieses ›neue Modell‹ Jaspis an einer Stelle plazierte, wo der Mensch es finden mußte. Er fand es in Amerika und nannte es Youngite. Es paßt gut zu Jupiter, dem veränderlichen Planeten für Widder in der zweiten Hälfte, und auch zu den äußeren Planeten mit ihrer kühleren Position im All.

Als prächtigen, zweiten ›Kopfkissen-Kiesel‹ haben die glücklichen Widder den ornamentalen *Rubin in Zoisit*. Dieser Schmuckstein, der aussieht wie ein leuchtendgrüner Kirschkuchen mit dunklen Schokoladenstückchen, eignet sich hervorragend zur Herstellung von Aschenbechern, Eiern und sogar Solitären. Die ›Kirschen‹ sind tatsächlich große, tropfenförmige, opake Rubinkristalle, die fest in einem schwarzen Mineral sitzen, das durch den Zoisit mit seinen leuchtendgelben bis grasgrünen Färbungen verläuft. Das schwarze Mineral, in dem sich die Rubine befinden, ist reich an Eisen.

Diesen wunderschönen, attraktiven Stein findet man in Tansania.

Erste Hälfte Stier
(19. April – 2. Mai):
Kostbarer Kristall

Smaragd

Smaragde haben eine faszinierende, sorgfältig verzeichnete Geschichte, die bis in Urzeiten zurückreicht. Die ersten Steine wurden in Äthiopien gefunden. Der Legende nach hat Sargon I., Kaiser dieses Landes, immer einen getragen. Smaragde bildeten eine wichtige Quelle des Reichtums im alten Ägypten und auch in Griechenland. Es sind Hieroglyphen erhalten, auf denen griechische Minenarbeiter bei der Arbeit in einer Mine nahe des Roten Meers zur Zeit Alexander des Großen gezeigt werden. Ihre Werkzeuge wurden im frühen neunzehnten Jahrhundert wiederentdeckt. Zur Zeit der Römer wurde Kleopatras Gesicht in einen berühmten Smaragd geschnitten.

Auf der anderen Seite der Welt, in Lateinamerika, waren die peruanischen Tempel grasgrün vor Smaragden, während sie in Mexiko zu Unmengen von den Konquistadores geraubt wurden, die sie unter anderem in ihren eigenen Kirchen verwendeten. Heute werden die schönsten Smaragde in Kolumbien, Ägypten, in den Salzburger Alpen, Sibirien, Sambia und Zimbabwe gefunden.

Der Smaragdkristall hat meist zwei metallische Beimengungen, Aluminium und Beryllium, aber seine leuchtenden, verführerischen Färbungen, die von tiefdunklen bis helleren Schattierungen von Grün reichen, sind wahrscheinlich auf das Vorkommen kleiner Mengen Chroms zurückzuführen. Es ist bekannt, daß es auch rote Smaragde gibt, aber nur wenige von Edelsteinqualität sind je auf den Markt gelangt. Große Smaragde sind rar, ein Grund für ihren hohen Preis; dasselbe gilt für reine Exemplare. Die meisten sind wolkig aufgrund von Unreinheiten und Einschlüssen fremder Minerale. Im Handel bezeichnet man sie als ›moosig‹. Unter dem Mikroskop weisen selbst absolut klare Smaragde eine charakteristische ungleichmäßige Farbverteilung auf, häufig in Schichten.

Obwohl der Smaragd ein niedriges spezifisches Gewicht hat und damit nur schlecht zu der schwergewichtigen Venus paßt, entschädigen seine metallischen Elemente; Menschen mit dem Sternzeichen Stier können einen dieser Steine voll Zuversicht tragen.

Auch mit dem *orientalischen Smaragd* kann sich der Stier-Geborene wohlfühlen. Es handelt sich dabei um einen grünen Saphir, der ebenfalls Aluminium enthält. Er ist härter als der Smaragd, das spezifische Gewicht ist etwas höher und es fehlt ihm die Farbintensität des anderen Steins. Ein guter Grund für seine Verbindung mit der Venus: Seine Härte macht ihn dicht gegen sauren Regen.

Andalusit

So, wie sich eine Raupe in einen Schmetterling verwandelt, so macht auch der Andalusit eine magisch scheinende Veränderung durch – im Falle der transparenten Varietät vom opaken, schwarzen Stein zu farbenprächtigem, durchsichtigem Kristall.

Im dunklen, amorphen Innern der Erde sorgten einst Hitzewellen dafür, daß ganze Gebiete von festem Gestein sich in Dampf auflösten und durch Spalten der Erdkruste hinausströmten. Im Laufe dieses Prozesses vermischten sich die flüssigen Gase und transferierten Teile von sich selbst an Stellen, wo sie entweder zur Ruhe kamen oder noch mehr Druck auf sie ausgeübt wurde, während sie abkühlten. Einige blieben, wie sie waren, aber die meisten fuhren damit fort, sich zu überschlagen, zu schmelzen, sich zu vermischen und zu schwimmen, sich neu zu formen, bis sie in die Nähe der Erdoberfläche gelangten, wo sie die Form annahmen, die sie heute aufweisen. Eine große Vielzahl von Steinen war das Ergebnis.

Der Charakter des Andalusit wird von Aluminium bestimmt, das auch für seine Korrespondenz mit der Venus verantwortlich ist. Es verleiht ihm Kräfte, die denen der hellsten Sterne am Himmel entsprechen. Wie auch die Venus kann der Andalusit großem Druck von Licht und Hitze widerstehen; er ist außerdem ein bemerkenswerter Leiter von Elektrizität.

Das Andalusit-Kristall zeigt sich in gelben, grünen, grauen, rosa, fleischroten, purpurroten und braunen Schattierungen, und jede Varietät zeigt ihren Zauber darin, daß sie den Ton verändert, sobald sie aus einem anderen Winkel betrachtet wird. Ein besonders hübscher Wechsel ist der von Grün zu Purpur; ein anderer jener von Blau-Purpur zu Blaßgelb. Sowohl die farbigen als auch die transparenten Kristalle werden, was Farbe und auch Härte betrifft, der Venus und dem Saturn zugeordnet, dem veränderlichen Planeten für die zweite Hälfte Stier. Die Härtezahl des Andalusit ist ungerade, mit einem Maximum von 7,5; wie der Smaragd sind die Kristalle widerstandsfähig gegen Säure. Es gibt Edelsteinhändler, die den Andalusitkristall erhitzen, um ihn im Einzelhandel zu verkaufen, denn dadurch kann er seine Farbe in ein tiefes Blau verändern – eine Farbe, die ebenfalls mit Venus und Saturn in Zusammenhang gebracht wird.

Einige ›Stiere‹ in diesem Bereich des Tierkreises ziehen vielleicht den Schwesterstein des Andalusit vor, den *Chiastolith*. Er weist dieselbe Zusammensetzung auf, hat aber zusätzlich Einlagerungen kohliger Substanz, die an eine vierblättrige Blüte oder ein Kreuz erinnern. Deshalb werden diese Kristalle in Nordspanien auch ›Kreuzsteine‹ genannt und seit dem Mittelalter an die Pilger verkauft. Der Name Andalusit leitet sich tatsächlich von der spanischen Provinz Andalusien ab. Heute jedoch kommen die schönsten Steine aus Brasilien.

Es gibt noch einen weiteren kostbaren Kristall für die zweite Hälfte Stier – den *Sphalerit*. Die tiefste Farbe, die dieser Stein hervorbringt, ist ein bräunliches Gold mit intensiven, gelben Lichtflecken. Der Sphalerit kommt in so vielen Schattierungen vor, daß nicht einmal Experten ihn immer gleich erkennen. Für gewöhnlich enthält er neben Eisen eine Vielzahl seltenerer Elemente, während der nicht-edle Sphalerit ein verbreitetes Zinkerz bildet. Die Spitzenqualität dieser Kristalle kommt für gewöhnlich aus Spanien.

Azurit und Malachit

Diese Steine sind die Zwillingsglücksbringer für die in der ersten Hälfte Stier Geborenen. Sie sind sich in der Zusammensetzung ähnlich; sie enthalten Schwefel und Eisen sowie weit über fünfzig Prozent Kupfer, was ihre Verbindung sowohl mit der Venus (Herrscherin über den Himmelskörper des Stieres) als auch mit dem Merkur (veränderlicher Planet der ersten Hälfte) herstellt. Azurit und Malachit haben den Härtegrad von 3,5 – 4.

Der intensiv himmelblaue, durchsichtige bis durchscheinende *Azurit* ist der seltenere der beiden Steine. Er kommt entweder in Rosetten aus winzigen, pulverisierten Kristallen vor oder in funkelnden Massen auf Mineralien anderer Varietäten.

Während des 15. und 16. Jahrhunderts haben Künstler in Europa gemahlenen Azurit für ihre Werke verwendet; doch dann fand man heraus, daß sich die Farbe, wenn sie getrocknet war, vom strahlend blauen Azurit in verschiedenen Schattierungen des verblüffend grünen Malachit verwandelte.

Der fruchtbare *Malachit* ist leicht an seinen Zonen aus hellen und dunklen Farben zu erkennen, diesen dramatischen Mustern, die blaßgrüner Sahne in einem exotischen Smaragdnektar ähneln. Malachit, der manchmal auch ›Satin Ore‹ (›Satinerz‹) genannt wird, kommt häufig in alten Zaubermärchen vor. Früher glaubte man, daß Personen, die im Besitz dieses Minerals waren, die Sprache der Tiere verstünden. Und so manche russische Prinzessin spielte tagelang entzückt mit einem Schmuckkästchen aus

Malachit, das mit Zierrat aus demselben Material gefüllt war: Das sollte seiner Besitzerin die Macht der Unsichtbarkeit verleihen.

Kaufen Sie keine Aschenbecher aus einem dieser beiden Minerale! Zigaretten- und Zigarrenstummel hinterlassen ihre Spuren darin. Aber für andere Ziergegenstände sind sie äußerst beliebt. Beide Steine finden sich heute hauptsächlich im Kongo (Abbau 1966 = 2000 t), aber auch in Australien, Amerika, England, Frankreich und Sibirien.

Jadeit

Dieser Stein kann sich nur unter großem Druck bilden – was ihn zu einem wertvollen Partner des Planeten Venus macht, dessen Atmosphäre, die dichter ist als die der Erde, alles zermalmen könnte. Jadeit ist außerordentlich widerstandsfähig durch fibröse, ineinander verwobene Kristalle in seiner Struktur, die ihn fester als Stahl sein lassen.

Zu den wunderbaren Schattierungen des Jadeit gehören Schwarz, Braun, Rosa, Rot, Orangebraun und Weiß bis hin zu vielen unterschiedlichen Grüntönen. Die Lavendelfarbe des Jadeit ist der zweiten Hälfte Stier zugeordnet worden, weil der Planet Saturn mit den purpurfarbenen und blauen Schattierungen ihr veränderlicher Planet ist.

Jadeit ist das Symbol der Reinheit, Festigkeit und des Erduldens. Klopft man darauf, erklingt ein melodiöser Ton, zweifellos Grund für den alten Glauben, daß es sich um ein ›Amulett von harmonischem Omen‹ handeln würde. Eine furchterregende Frau, die diesen Schmuckstein liebte, war Tse-hi, die tyrannische letzte Kaiserin von China, die 1908 gestorben ist. Man glaubt, daß sie mehr als 3000 geschnitzte Jadeit-Behälter gesammelt hat, alle angefüllt mit Tand aus demselben Stein.

Ein *pyritisierter Ammonit* ist ein besonderer Talisman; er ist manchmal so glatt, daß man ihn in der Tasche tragen, in ein Medaillon einlegen oder in zwei Teile schneiden und als Manschettenknöpfe verwenden kann. Von diesem Stein kann man sagen, daß er ein Stück Geschichte in versilbertem Stein darstellt, denn er ist aus einer Kreatur hervorgegangen, die seit 60 Millionen Jahren ausgelöscht ist — einem frühen Vorläufer der Oktopus-Familie. Wahrscheinlich pumpte dieser Vegetarier seinen Körper mit Luft voll, was es ihm ermöglichte, wie ein modernes Unterseeboot durchs Wasser zu schießen. Schöne Exemplare dieser pyritisierten Ammoniten stammen aus Yorkshire in England und aus Frankreich. Ihre Verbindung zur Venus ist das Eisenerz Pyrit, das verwendet wird, um Schwefeldioxyd für Schwefelsäure herzustellen.

Markasit-Dollar

Aus gutem Grund ist der Markasit-Dollar der ›Kopfkissen-Kiesel‹ für die in der ersten Hälfte Stier Geborenen. Er gehört zur Venus, dem Planeten mit schwefelhaltigem Regen. Es handelt sich hier um einen flachen, runden Stein aus leuchtenden, funkelnden Kristallen, deren Farbtöne von Silber-gelb bis Bronze-gelb reichen. Die Oberfläche dieses ›weißen‹ Steines (um ihm die geologische Beschreibung zu geben) muß, wenn er als Schmuckstein Verwendung finden soll, mit einer nicht anlaufenden Substanz überzogen werden. Andernfalls läßt das strahlende Licht, das aus seinem Innern kommt, nach.

Silberfarbener Pyrit, auch als Narrengold bekannt, ist ein zweiter ›Kopfkissen-Kiesel‹ für diese Stiere. Die Zusammensetzung vom Pyrit ist identisch mit der des Markasit. Dieser Stein entsteht jedoch bei einer höheren Temperatur und ist in der Farbe dunkler. Sein hoher Schwefelgehalt hat dazu geführt, daß er bei der Herstellung von Schwefelsäure Anwendung findet. Tatsächlich ist er in manchen Säurelösungen selbst vollkommen unlöslich. Pyrit ist ein silberfarbenes, glänzendes Mineral, das in flachen Blöcken vorkommt, deren Oberfläche von geraden Linien durchzogen ist. Die Form ist so perfekt, daß die meisten Menschen, wenn sie diesen Stein zum ersten Mal sehen, glauben, daß er von Menschenhand geformt worden ist. Der Name leitet sich vom griechischen *pyr* (Feuer) her; denn wird Pyrit gerieben, sprühen Funken.

Sowohl Pyrit als auch Markasit haben den gemessenen Härtegrad 6, die Zahl der Venus.

60

Irish Fairy Stone

Die in der zweiten Hälfte des Stier Geborenen haben einen von der Venus beherrschten und unter dem Saturn als veränderlichem Planeten stehenden Einfluß im Horoskop und deshalb Anspruch auf diese bewundernswerte Mischung aus kubischem, blaugrauem Galenit (Bleiglanz, dem wichtigsten im Blei enthaltenen Erz), funkelndem, klarem Bergkristall (dem ›dritten Auge‹ von Wahrsagern), gelbschwarzem, metallischem Sphalerit (der Hauptquelle vieler seltener Metalle und dem wichtigsten Zinkerz), und messingfarbenen kleinen Blöcken ›Narrengold‹ oder Pyrit. Zusammen ergibt das den Irish Fairy Stone. Er ist so irisch wie sein Name, ein wahrhaft unberechenbarer Schmuckstein, bei dem nicht ein einziges der Kristalle, aus denen er sich zusammensetzt, das ist, was es ursprünglich zu sein scheint.

Die Elemente, die ihn bilden, fingen tief in der Erdkruste als ein Konglomerat aus dunklen Gesteinsmischungen an. Dann stieg Druck von tiefsten Tiefen auf. Als Folge davon wurden diese Gesteine gefaltet, zerbrochen, gedrückt und geschmolzen, verflüssigt und wieder gehärtet, und das viele, viele Male. Jedesmal verwandelten sie sich in ein völlig neues Mineral. Schließlich kamen sie nahe genug an die Erdoberfläche und waren weit genug von vulkanischen Faltungen entfernt, um vom Menschen entdeckt zu werden.

Das ist also die Geschichte des Irish Fairy Stone, dieser funkelnden Masse aus Kristall, die nach ihrer harten Reise durch die Zeit stolz ihre dunkle Pracht zur Schau stellt.

Oranger Saphir (Padparadscha)

Parallel zum prächtigsten Planeten unseres Sonnensystems entsteht der nach dem Diamanten härteste Kristall unter brennofenähnlichen Bedingungen. Der Padparadscha gehört zur Gattung der Korunde, deren Name sich von Kuruwinda, dem Wort für Rubin in Sanskrit, ableitet. Er hat von alters her den Ruf, ein Kennzeichen von Wahrheit, Beharrlichkeit und Treue zu sein. Er weist Tönungen, Transparenz und Schattierungen auf, die der Korund-Gruppe den Status von Blumen unter Steinen eingetragen hat, denn prächtige Schattierungen sind die Norm. Was den Farbenreichtum dieser Gruppe verursacht, bleibt das Geheimnis der Natur. Man weiß nur, daß sein Rot auf Chrom und sein Blau auf Spuren von Eisen und Titan zurückzuführen sind. Obwohl es für einige der sanfteren Schattierungen alle möglichen Bezeichnungen gibt, werden von den Geologen nur drei allgemein bekannte Bezeichnungen anerkannt. ›Rubin‹ für Rot, ›Saphir‹ für Blau und alle anderen Farbtöne – mit Ausnahme von Orange, das ›Padparadscha‹ genannt wird. Dieser Name stammt aus dem Indischen und bedeutet ›Lotusblüte‹. Die Inder schreiben diesen kostbaren Stein auch ihrer Göttin Lalita zu, besser bekannt als die Saphirdevi der Fruchtbarkeit.

Reiner Korund setzt sich aus Sauerstoff und Aluminium zusammen. Aber da farblose Exemplare sehr selten sind, sind es die prachtvollen, überschwenglichen Tönungen, die von Unreinheiten verursacht werden, die die hohen Preise erzielen. Man kann unmöglich mit Sicherheit sagen, was diese Färbungen hervorruft, aber dies ist von Vorteil, wenn man sie mit den Himmelskörpern in Verbindung bringen will – die Farbgeber lassen sich nicht imitieren. Und da keiner der Grundstoffe stark genug ist, um sich verschieden zu entwickeln, kann der Padparadscha als nahezu perfekter Korund angesehen werden, der dem Merkur aufgrund seiner großen Dichte entspricht.

Der dem Merkur nächste planetarische Nachbar, die Venus mit ihrem orangefarbenen Boden, ist der veränderliche Körper in diesem Teil des Tierkreises und wird beständig von schwefelhaltigem Regen bedroht. Also qualifiziert sich erneut der Padparadscha durch seine Unempfindlichkeit Säuren gegenüber. Der Padparadscha ist hitzebeständig und schmilzt auch unter größter Hitze nicht. Sein Glanz ist beständig, und sein Feuer bricht das Licht in fast so viele Farben, wie von der Sonne erzeugt werden. Sein Härtegrad liegt nur um einen Punkt niedriger als der des Diamanten – neun von zehn.

In der Korund-Familie sind drei Färbungen in einem einzigen Kristall eine häufige Erscheinung. Dieses Phänomen zeigt sich auf herrliche Art in einer verehrten Statue des Konfuzius, die aus einem dreifarbigen Stein geschnitten ist: Der Kopf ist durchsichtig weiß, der Körper blaßblau, die Gliedmaßen gelb-orange.

Korund minderer Qualität wird seit Jahrhunderten als industrielles Schleifmittel benutzt. Die alten Chinesen versahen ihre Bogen mit Sehnen, die mit Schmirgel (zu Staub gemahlenem Korund) bedeckt waren.

Taafit ist einer der seltensten der Menschheit bekannten Kristalle und die Alternative für Zwillinge der ersten Hälfte. Zusammen mit anderen Spinellen wurde der Taafit 1945 von Graf Taafe entdeckt. Er ist fast so hart wie der Saphir und hat in etwa dasselbe spezifische Gewicht. Es handelt sich um einen brillanten Schmuckstein, der aber, wie der farblose Saphir, fast nicht zu erhalten ist.

Katzenauge

Die Griechen nannten ihn Kymophan (Zymophan), was soviel bedeutet wie ›flackerndes Licht‹, aber wir kennen den kostbaren Kristall für die Zwillinge der zweiten Hälfte als ›Chrysoberyll-Katzenauge‹. Dieser besonders hochgeschätzte, durchscheinende Schmuckstein mag einen goldgelben, mittelgelben, bambusgrünen oder bräunlichblauen Körper haben. Was immer die Tönung auch sein mag: Ein kräftiger silberweißer Lichtstreifen zieht sich über seine halbrunde oder zum Cabochon geschliffene Oberfläche, sobald er auch nur leicht bewegt wird.

Von diesem Edelstein, der auch als ›Freude eines Steinliebhabers‹ bekannt ist, glaubte man früher, daß er vor körperlichen Gefahren und dem Angriff des Teufels auch die Seele schützen könnte. Sein Hauptmerkmal, ein heller Lichtstreifen, entsteht, wenn das Licht von feinen, parallel angeordneten Fasern oder hohlen Kristallen zurückgeworfen wird, die der Kristall bei seiner Entstehung eingeschlossen hat. Das Chrysoberyll-Katzenauge gilt allgemein als der schönste der ›Strahlensteine‹ und erzielt deshalb leider einen entsprechenden Preis.

Sollte ein in der zweiten Hälfte Zwillinge Geborener einen transparenten Kristall vorziehen, dann bietet sich aus derselben Mineralgruppe der *Chrysoberyll* an, dessen Leuchten das der meisten anderen Schmucksteine übertrifft. Spanische und portugiesische Juweliere des siebzehnten und achtzehnten Jahrhunderts bevorzugten den blaßgelben Stein aus Brasilien. Die Zwillinge können auch einen seltenen, farblosen Stein aus Burma bekommen oder zwischen gelben, braunen, hellgrünen, mittelgrünen oder dunklen, flaschengrünen Steinen u. a. aus Burma, Madagaskar, Zimbabwe, Rußland oder Sri Lanka wählen.

Der Name Chrysoberyll leitet sich vom griechischen Wort für ›Gold‹ her. Er verfügt über eine hohe Lichtbrechung und führt dadurch zu lebhaftem Strahlen. Seine Härte beträgt 8,5. Er enthält die Metallelemente Aluminium und Beryllium, manchmal auch eine Spur Eisen, alles Bindeglieder zum Planeten Merkur. Sein spezifisches Gewicht und seltenere Elemente werden jedoch dem Uranus zugeordnet, dem veränderlichen Planeten in diesem Bereich des Tierkreises.

Erste Hälfte Zwillinge

(20. Mai – 4. Juni):

Talisman

Moosachat und Mokkasteine

Durch die Jahrhunderte hindurch glaubten die Menschen, in den Zeichnungen von Moosachat und Mokkasteinen Spezies eingeschlossener Moose, Blätter und haariger Pflanzen zu erkennen. Doch das, was die Wissenschaftler vor gar nicht langer Zeit als Fossilien bezeichneten, waren in Wirklichkeit die Entwürfe der Natur für künftiges Pflanzenwachstum, denn diese beiden Steinarten entstanden lange vor der Zeit, in der sich die gegenwärtige Vegetation der Erde bildete.

Heute weiß man, daß es sich bei Moosachat und Mokkastein um eine Quarzart handelt, die amorphe, kristalline Körner einschließt, die von natürlichen, metallischen, eisen- und manganreichen Flüssigkeiten durchdrungen sind. Die eingewobenen Muster entstanden, als wäßrige Substanzen in die Zellstruktur des Quarzes eindrangen. Die eisen- und manganhaltigen Flüssigkeiten werden allgemein ›Grünerde‹ genannt; die entsteht, wenn geschmolzenes Vulkangestein abkühlt. Moosachat weist dunkelgrüne und schwarzgrüne Musterungen auf, die Farne und Moos zu imitieren scheinen, während Mokkasteine rote, braune und schwarze Baum- und Pflanzenmuster zeigen.

Die Mokka-Varietät wurde erstmals in der Nähe eines arabischen Seehafens gefunden, während der erste Moosachat im westlichen Indien entdeckt wurde, dem Gebiet, das auch heute noch einige der schönsten Steine hervorbringt, darunter eines der größten Exemplare mit einem Gewicht von über dreizehneinhalb Kilogramm. In den amerikanischen Rocky Mountains finden sich Moosachate in großen Mengen; die Flußbetten bringen Material guter Qualität hervor.

Als man noch glaubte, der Stein würde Fossilien einschließen, war der Moosachat der wichtigste Talisman für Farmer und Landwirte. Sein Hauptnutzen bestand in der Hilfe bei der Suche nach Wasser. Zu jener Zeit wurde er dem Planeten Venus zugeordnet, wie alle halbtransparenten Minerale mit fossilen Einschlüssen, als Tribut an Venus, der Göttin der Fruchtbarkeit. Heute sieht man den Moosachat ebenso wie den Mokkastein als perfekte Parallelen sowohl zum Planeten Merkur (dem Regenten der Zwillinge) als auch der Venus (dem veränderlichen Planeten in diesem Bereich des Tierkreises). Besondere Verbindung besteht jedoch zu Merkur, da der von der Sonne versengte Planet sich zum großen Teil aus metallenen Elementen zusammensetzt.

Ein weiterer Talisman für die erste Hälfte Zwilling ist der *Uwarowit-Granat,* dessen Farbskala von transparentem Smaragd bis zu dunklem Smaragdgrün reicht. Primär ein Kalzium-Eisen-Kristall, ist der Uwarowit ein neuer Edelstein, den Mutter Natur aus ›altem Gestein‹ geschaffen hat, das vor Äonen tief in der Erdkruste vergraben wurde.

Transvaal-Jade

Grossularia, das lateinische Wort für ›Stachelbeere‹, ist der Ursprung des geologischen Namens für den Talisman der zweiten Hälfte Zwillinge, doch besser bekannt ist dieser Edelstein als Transvaal-Jade.

Menschen, die unter Granaten klare, rote Steine verstehen, werden überrascht sein, wenn sie den Transvaal-Jade betrachten: Er ist ein opaker Granat, der bestenfalls hellgrün ist, aber unter Röntgenbestrahlung leuchtend orangegelb fluoresziert. Da alle Mitglieder der Granat-Familie vor Millionen von Jahren entstanden und in den Tiefen der Erde durch vulkanische Tätigkeit der Verdunstung und Umformung unterworfen wurden, enthalten sie alle ein wenig von den meisten Metallen und sind wetterunempfindlich. Bei jedem Typus herrschen mindestens ein, zwei Elemente vor. Im Fall des Transvaal-Jade sind das Kalzium und Aluminium. Chrom, ein glänzendes weißes Metall von industrieller Wichtigkeit (verleiht Eisen und Stahl ihre Härte), ist verantwortlich für die grüne Färbung des Talismans. Eine rosa Version wird von Mangan gefärbt. Transvaal-Jade enthält immer etwas Eisen. Die Varietäten, die schwarze Flecken aufweisen, werden von dem magnetischen Mineral Magnetit hervorgerufen.

Transvaal-Jade gibt es in Burma, Kanada und Schottland, aber die leuchtendsten Steine von bester Qualität stammen aus Afrika, wo man aus Jade gefertigte Eier, wundervolle Schnitzereien (zum Beispiel Tiere oder Menschenköpfe) erstehen kann, ebenso wie hie und da ein Schmuckstück.

Merkur ist im Sonnensystem der Planet mit dem größten Metallkern, und in diesem Bereich des Tierkreises ist der Uranus der veränderliche Planet der Zwillinge, der große, grüne Planet, der ausreichend mit metallischen Elementen versehen ist.

Varietäten der transparenten *Grossular-Granat*-Familie sind Alternativen für die Zwillinge dieser Hälfte: zum Beispiel der grüne Kristalltypus, dem Vanadium seine Farbe verleiht, die gelbe Varietät, die orange fluoresziert, und der klare, weiße Typ, ein hübscher Edelstein, der aber nur schwer zu bekommen ist.

Staurolith

Dieser Stein leitet seinen Namen von dem griechischen Wort staurus, Kreuz, ab. Er weist von Natur aus Kreuzform auf und enthält eine bemerkenswerte Menge an Eisen, was ihn zu einem offensichtlichen Partner des Merkur macht und ihm eine Widerstandsfähigkeit verleiht, die zur Venus paßt. Seine Farbe ist für gewöhnlich rot oder grau-braun, aber nur sehr selten werden transparente Staurolith-Kristalle gefunden, die nach dem Schleifen und Polieren ›Tafelwein-Granaten‹ entsprechen. Bei Labortests hat sich gezeigt, daß manche Varietäten dieses Steines schmelzen und sich unter Druck in ein schwarzes, magnetisches Glas verwandeln – eine anerkannte Eigenschaft der Oberfläche des Planeten Merkur.

Die alten Briten nannten diese Steine ›fairy stones‹ und benutzten sie bei magischen Riten. Die frühen Christen kannten sie als ›Kreuzsteine‹ und trugen sie als Amulett, während es in den Mythen heißt, ›Staurolith-Sterne‹ seien vom Himmel gefallen.

Ein zweiter ›Kopfkissen-Kiesel‹ für die Zwillinge ist hier der *Verdit* aus dem Transvaal. Ein bekannter Fruchtbarkeitsstein, der von Medizinmännern in pulverisierter Form unfruchtbaren Frauen verabreicht wurde. Dieses glänzende, opake Mitglied der Familie der Serpentine unterscheidet sich von seinen Cousins durch eine zusätzliche Zutat – den prächtigen, grünen Fuchsitglimmer, der in der Elektroindustrie viel verwendet wird. Die Metallelemente Magnesium und Eisen sind für gewöhnlich im Verdit vertreten, der in Klumpen auftritt, was ihn zu einem beliebten

Stein der Schnitzer gemacht hat. Löwen, Frösche, Fluß-
pferde, Eulen und alle Arten von Tieren werden von afrikanischen Künstlern produziert und verkauft.

Rubellit in Lepidolith

Unter außerordentlichen Bedingungen von extremer Hitze und hohem Druck entsteht dieses kleine schillernde Stück in einer Vielzahl von Schattierungen – in rosaroten, pink-violetten, violett-grauen, lila, grauen und gelb-weißen Tönungen, die es den metallischen Einschlüssen verdankt, die industriell genutzt werden können: zum Beispiel Lithium (das bei Batterien, in der Medizin und der Keramik Anwendung findet) und Aluminium. Dann ist da Glimmer, der als Wärmeisolator verwendet wird, und schließlich Kalium. Rubellit enthält viele metallische und nicht-metallische Elemente und wird in Edelsteinqualität zu einem teuren Kristall. Die metallischen Elemente sowohl im Rubellit als auch im Lepidolith garantieren die Übereinstimmung zwischen diesen Mineralien und dem Planeten Merkur, während ihr geringes spezifisches Gewicht und ihr Wassergehalt das Bindeglied zum Uranus bilden. Sie kommen in Pegmatiten vor, Adern aus verschiedenen Mineralien, die in den Endstufen abkühlenden Vulkangesteins entstanden sind.

Ein zweiter ›Kopfkissen-Kiesel‹ für in der zweiten Hälfte Zwilling-Geborene ist die *Geode*. Dieses Produkt einer alten, vulkanischen Blase hat rundliche Proportionen. Die Außenseite besteht aus solidem Achat, das Innere wird von Bergkristall, Amethyst oder Opal verschönert – eine Verbindung, die von den wäßrigen, mineralreichen Flüssigkeiten hervorgebracht wurde, die in die Aushöhlung oder das Loch eindrangen, das die Blase hinterlassen hat, die sich in der Lava bildete, als diese noch dampfendheiß war.

Die Außenseite der meisten Geoden ist von einem dünnen Film aus Grünerde oder aus Delessit überzogen, verursacht von eisen- und magnesiumreichen Flüssigkeiten, die sich ihren Weg durch all die Spalten und Risse bahnten, die nicht von festeren Mineralien angefüllt waren.

Geschäfte verkaufen Geoden im allgemeinen in halben Stücken (entweder einzeln oder paarweise), aber Zwillinge müssen entsprechend ihrem Emblem beide Hälften haben. Einige erfindungsreiche Juweliere fassen Mini-Geoden in Gold oder Silber, so daß sie als Manschettenknöpfe, Ohrringe, Anhänger und Anstecknadeln getragen werden können. Die Hauptquelle für Geoden sind Brasilien und Mexiko. Der veränderliche Planet der Zwillinge der zweiten Hälfte, der Uranus, gleicht den Wassergehalt der Geode aus.

Adular

Der Adular, die wahrscheinlich kostbarste Varietät des Mondsteins, gleicht diesem durch den perlmuttartigen Schimmer. Er weist einen weichen, lumineszierenden Glanz auf, der in krassem Gegensatz zum Funkeln der meisten Edelsteine steht. Wird er kuppelförmig geschnitten, tanzt ein unbeständiges Licht über seine Oberfläche und ruft die Illusion hervor, über dem Kristall zu schweben und nicht den feinen, fibrösen Partikeln in seinem Innern zu entstammen. Der prächtige Adular ist nach seinem Fundort Adula in der Schweiz benannt. Es handelt sich bei ihm um die reinste Version des einfachen Feldspats, den die Natur hervorbringt.

Von diesem blassen malvenblauen Stein nahm man einst an, daß er Heilkräfte besitze, die über Epilepsie triumphierten. Außerdem galt er als Heilmittel für liebeskranke Frauen. Auch sollte das Gedächtnis schneller arbeiten, wenn man einen Adular im Munde hielt. Adular-Kügelchen wurden in der Tasche getragen, um das Glück zu sichern. Die Zigeuner glaubten, daß zu Zeiten des abnehmenden Mondes der Adular am besten zum Wahrsagen geeignet sei.

Dieser druckempfindliche Mondstein entsteht bei niedrigen Temperaturen, was ihn zu einem idealen Partner für den veränderlichen Planeten Pluto und seinen Satelliten Charon in der ersten Hälfte Krebs macht, da sich beide an den äußeren Grenzen des Sonnensystems befinden, während die Zusammensetzung des Adular dem Reichtum der Mineralien entspricht, die sich auch auf unserem Mond finden, der hier der herrschende Himmelskörper ist. Australien, Burma, Brasilien, Indien, Sri Lanka und Tansania sind die wichtigsten Quellen für Adular.

Ein weiterer kostbarer Kristall für die Krebs-Geborenen der ersten Hälfte ist der *Katzenauge-Skapolith,* der in so romantischen Schattierungen wie durchsichtig bis durchscheinend perlrosa, violett, gelbrosa, gelb und weiß auftritt. Skapolith wurde erstmals 1913 in Burma entdeckt und deshalb bisher kaum als Schmuckstein geschliffen. Er enthält Aluminium, Kalzium und Natrium. Die beiden letzteren gehen mit dem Mond eine Wechselbeziehung ein, kraft seiner Wirkung auf die Wassermassen der Erde. Aluminium wird dem Mond zugeteilt, weil es sich unter Lufteinfluß nicht verfärbt (das Element Luft fehlt auf diesem Satelliten). Katzenauge-Skapolithen, die immer halbrund geschliffen (Cabochon) werden, kommen sowohl in Madagaskar und Tansania als auch in den bereits erwähnten Ländern vor.

Wasseropal

Über den schönen Opal schrieb Plinius der Ältere ekstatisch: »Er besitzt all die Pracht der kostbarsten Edelsteine, und ihn zu beschreiben ist eine Angelegenheit von großer Schwierigkeit.« Noch mehr gilt das für seine Variante, den Wasseropal, in dessen kristallklaren Tiefen die Farben durchs Spektrum tanzen wie Blasen auf einem Delphin. Seine Grundfarben Blau wie elektrische Funken und Grasgrün vermischen sich mit violetten Flammen, hinter denen es rosa funkelt: eine Erinnerung an die Lagerfeuer auf dem Kontinent Australien, der in erster Linie mit diesem Stein in Verbindung gebracht wird. Der griechische Kompilator Onomakritus, der bereits vierhundert Jahre vor Plinius lebte, beschrieb den Opal als einen Stein, der die Zartheit und Farbe einer schönen Kinderliebe besaß. Das könnte man vom Wasseropal ebenfalls sagen.

Aufgrund seiner einzigartigen Verbindung von Muster und Farbton kann ein Opal niemals dupliziert werden. Geologisch wird er den Quarzen zugeordnet, dem auf der Welt häufigsten Mineral, und tatsächlich treten Opal und Quarz zusammen auf und ihre chemische Zusammensetzung ist fast identisch. Aber hier ist die Ähnlichkeit auch bereits zu Ende, denn Quarz hat einen dreidimensionalen Charakter, während Opal ein glasähnliches Material ist, das sich aus so winzigen Teilchen zusammensetzt, die mit bloßem Auge nicht zu erkennen sind. Diese Silikate müssen einheitliche Größe aufweisen, um den Stein zur erstklassigen Qualität zu machen. Aber es sind nicht die Silikate selbst, die die einzigartige Schönheit des Opals hervorbringen, sondern die Widerspiegelung und Brechung des Lichts durch die kleinen Risse im Stein. Wasseropale von Spitzenqualität findet man in einem Gebiet in Südaustralien, das Andamooka genannt wird.

Auf ihrer Oberfläche haben die seltensten, die weißen Opale, etwas, das einem Stern gleicht. Dieses als Asterismus bekannte Phänomen wird von einem Fehler oder Durchbruch im regelmäßigen Muster der Zellen verursacht. Da Opale mehr Wasser als andere Schmucksteine enthalten und demzufolge bei wechselnden Temperaturen schrumpfen oder größer werden, müssen sie mit längeren Klauen oder auf andere Weise gesichert werden als alle anderen Schmucksteine. Ihr hoher Wassergehalt macht sie zu einer Parallele des Mondes und des veränderlichen Planeten Neptun, von dem jetzt wissenschaftlich erwiesen ist, daß er dieselbe Dichte aufweist wie Wasser.

Erste Hälfte Krebs
(21. Juni – 4. Juli):
Talisman

Perle

Die Krebse können sich glücklich schätzen, ein Juwel mit uralter und ehrenvoller Geschichte als ihren Talisman zu haben. Vor viertausend Jahren wurde ein Wort, das ›Perle‹ bedeutet, in einem chinesischen Wörterbuch festgehalten. Man fand Truhen aus ptolemäischer Zeit, die noch immer Perlen enthielten. In Byzanz schmückten Perlen Kruzifixe und Gebetbücher sowie ein Kistchen, das einen Splitter des echten Kreuzes enthielt. Eine ebenso große Bedeutung spielten Perlen in der religiösen Geschichte des christlichen Roms. Piraten haben Perlen gehortet, in der Südsee wurde nach ihnen getaucht. Prinzen und Prinzessinnen liebten sie, darunter Heinrich VIII. und Elizabeth I. von England, ebenso die junge Lady Jane Grey, Königin für neun Tage, die eine einzige Tropfenperle an einem Kreuz trug bis zum Vorabend ihres vorzeitigen Todes. Tatsächlich waren Perlen ein Zeichen der Unterscheidung sowohl weltlicher als auch religiöser Art. Heißt es nicht schon in der Offenbarung, daß jedes Tor der Himmlischen Stadt von einer Perle gekrönt ist?

Da die Perle im Wasser entsteht, ist sie der geeignete Talisman für die Krebs-Geborenen der ersten Hälfte, deren Regent, der Mond, die Wasser der Erde beherrscht; darüber hinaus ist sie eine Parallele zu Charon, dem wichtigsten Satelliten Plutos, dieses veränderlichen Planeten der Krebse.

Perlmutt und *Schneckengehäuse* sind weitere Talismane für Menschen, die in diesem Bereich des Tierkreises geboren wurden.

Ein echter mineralischer Talisman für Krebs-Geborene (denn Perlen, die organisch entstehen, fallen in eine andere Kategorie) ist *Rosenquarz*. Man nimmt an, daß er seine Farbe dem metallischen Element Titan verdankt, von dem der Mond einen ausreichenden Vorrat besitzt. Wie der Mond gibt dieser Stein Licht fast ebenso großzügig ab, wie er es empfängt. Bei Labortests zeigt er Spuren von Kalk, Mangan und Wasser, Elemente, die der lunaren Welt entsprechend sanft sind. Sein Rosenrot kann zu hellem Rosa verblassen, wenn er Hitze ausgesetzt wird, aber die früheren Farben werden wieder hergestellt, wenn der Stein gründlich in Wasser getränkt wird.

Rosenquarz ist weniger verbreitet als die meisten anderen Varianten von Quarz, und nur die beste Qualität weist die nötige Klarheit für einen Schmuckstein auf. Die schönste und ungewöhnlichste Spezies prägt ein vierstrahliger Stern, der entsprechend dem Lichteinfall über die Oberfläche wandert. Dieser sogenannte Stern-Rosenquarz wird am besten halbrund geschliffen. Wenn man von ihm träumt, kündet das angeblich Frieden in häuslichen Angelegenheiten an.

Rote Koralle

Die Griechen glaubten, daß Meernymphen das abgeschlagene Haupt der Medusa stahlen und daß aus den Tropfen ihres Blutes Rote Korallen entstanden. Die Römer dachten, wenn ihre Kinder Zweige lebender Korallen um den Hals trugen, wären sie gegen alle Gefahren gefeit. Tatsächlich tragen manche Italiener auch heute noch Koralle als Schutz gegen den Bösen Blick. Sie verschreiben sie auch als Mittel gegen Unfruchtbarkeit bei Frauen. Die Gallier verzierten ihre Kriegswaffen mit den leuchtendsten verfügbaren Korallenzweigen, und chinesische Mandarine trugen einst Koralle als Zeichen ihrer hohen Würde.

Geologisch gesehen ist der Talisman der Krebse eine harte Substanz, die aus dem Kalk besteht, den ganze Stämme von Meerestieren zu Schutzzwecken ausscheiden. Ein Korallenriff ist nichts weiter als eine Masse dieser schützenden Strukturen, die Antwort des Ozeans auf ein Wohnviertel.

Die ersten Aufzeichnungen finden sich 1712. Es wird von einer Pflanze berichtet, die am Grunde des Meeres wächst und weder Blüten noch Samen hat. Dieser Edelstein ist noch heute ein beliebtes Geschenk für Neugeborene, nachdem er früher als bestes Mittel galt, wenn heranwachsende Kinder Zahn- oder Bauchweh hatten. Die Astrologen der Indianer schätzten diese Meeresblume sehr und empfahlen sie in allen Schattierungen jedem, der einen schlecht aspektierten Saturn hatte. Fälschlicherweise hielten sie die Rote Koralle auch für den Stein des Widders, aber tatsächlich ist es nicht der Mars, sondern der Mond, dem dieser wäßrige Stein organischen Ursprungs zugeordnet werden muß. Jedoch muß auch Neptun kurz in Betracht gezogen werden, der seinen Einfluß ausüben kann, weil er der einzige Planet ist, der dieselbe Dichte hat wie Wasser.

Aragonit und Calcit

Calcium-Minerale von ätherischer Zerbrechlichkeit sollten den in der ersten Hälfte Krebs Geborenen als ›Kopfkissen-Kiesel‹ dienen. Dabei fällt die Wahl auf Aragonit und Calcit, die in ausgetrockneten Seenbetten oder in heißen Quellen entstanden sind. Calcit war zum großen Teil zuerst Aragonit, das sich unter dem Druck seines Eigengewichtes in Calcit verwandelt hat. Koralle zum Beispiel besteht oben aus Aragonit und unten aus Calcit. Aragonit, das aufgrund seines Wassergehaltes etwas mehr wiegt als Calcit, verwandelt sich in Calcit oder zerfällt, wenn es einer heißen Flamme ausgesetzt wird.

Obwohl sowohl Aragonit als auch Calcit gewöhnlich nur durchscheinend sind, gibt es auch eine absolut durchsichtige Calcit-Varietät, den Island-Spat. Wenn man diesen über einen Strich auf Papier hält, bringt er ein doppeltes Bild hervor. Grund dafür ist die Brechung des Lichtes in zwei Strahlen. Eine besonders hübsche Form des Calcit ist die ›Eisenblüte‹, eine leuchtende, schneeweiße und baumförmige Varietät, deren Zweige häufig von Eisenfragmenten durchsetzt sind, was ihr eine rosige, wenngleich fleckige Färbung verleiht. Andere Unreinheiten können zu grauen, blauen, grünen, violetten oder gelben Farbtönen führen.

›Nailhead‹ (Nagelkopf) ähnelt, wie schon der Name sagt, einem Haufen Nägel, und ›Dogtooth Calcite‹ (Hundezahn-Calcit) sieht aus wie Hundezähne. Calcit bildet die Basis für Marmor, Kalk und Kalkstein und ist ein häufiger Bestandteil von Fossilien.

Zu den anderen ›Kopfkissen-Kieseln‹ der Krebs-Geborenen der ersten Hälfte gehören *Korallen* jeglicher Farbe oder sogar ein paar Muscheln, die manchmal überraschend einen Korallenzweig in einer Schale verstecken.

Ganz offensichtlich ist der Mond der himmlische Herrscher dieser Minerale, die unter sanften, an Wasser orientierten Bedingungen entstehen, die dem Planeten Pluto gleichermaßen angemessen sind.

Desert Rose (Wüstenrose)

Wir müssen der staubigen Sahara für die schönste Form dieser charmanten Wüstenblume dankbar sein, die durch das salzige Sickerwasser entsteht, das aus fast trockenen Seen verdunstet. Die Bewegung des Wassers zieht Sandkörnchen mit, überzieht sie mit mineralischer Substanz und rollt sie mit ähnlichen Körnchen zusammen, die sich aneinander heften und so winzige Ringe aus Materie bilden, aus denen feine Flügel herausragen. Da das Sickerwasser und die Klimabedingungen ihre Arbeit fortsetzen, gruppieren sich diese Materialien, und das Ergebnis ist eine ›Desert Rose‹. Es ist klar, daß dieser Stein sehr viel Wasser enthält, das in der Hitze verdunstet; dann verwandelt sich dieses poetisch aussehende Juwel in ganz prosaischen Puder und wird... zu Gips! Die Beduinen glaubten, daß die ›Desert Rose‹ aus den Tränen ihrer Frauen geschaffen wurde, wenn diese um verlorene Krieger trauerten – aber das ist schon lange her. ›Desert Rose‹ gehört zur mineralischen Familie des Gips und kann grau, rötlich, hellgelb oder braun auftreten.

Als Bonus für die in der zweiten Hälfte Krebs-Geborenen gibt es noch einen alternativen ›Kopfkissen-Kiesel‹, den edlen Kristall *Selenit,* der sehr empfindlich ist und pfleglich behandelt werden muß. Selenit ist transparent, leicht grau, gelb oder bräunlich getönt und immer exquisit. Wie die Wüstenrose sollte er niemals in Seifenwasseer gereinigt werden, denn es zerstört den Glanz und hinterläßt einen unschönen, schillernden Film. Tatsächlich sollte keine Form von Gips in Flüssigkeit getaucht werden. Statt dessen sollten Sie den Stein – aber nur, wenn er wirklich gereinigt werden muß! – mit einem weichen Make-up-Pinsel abbürsten oder kurz in klares Wasser halten und schnell wieder trocknen.

Noch ein weiterer ›Kopfkissen-Kiesel‹ für diesen Bereich des Tierkreises ist der *Enhydrit* (griechisch: ›Wasserent-haltend‹). So nennt man kleine Chalzedonkugeln, die in sich Flüssigkeit eingeschlossen halten, auch unter der Bezeichnung ›Water Nodule‹ bekannt. Diese erstaunliche Kreation entstand in einem Hohlraum, der nach einem Vulkanausbruch oder dem Zerfall eines Krustentieres zurückgeblieben ist. Mit der Zeit bildete sich hier dann eine Kruste aus Quarz, als Achat bekannt, und darin, eingebettet in mineralreiches Wasser, wuchsen die Bergkristalle heran. Wenn man einen Teil des ›Wasser-Nestes‹ entfernt, kann man das prähistorische Wasser sehen, wie es in seinem Versteck hin- und herspült, und sein Gewicht fühlen, wenn man das Nest in der Hand hält. Die meisten Enhydrite bringen Brasilien und die Westküste Amerikas hervor.

Der Gelbe Diamant

Dieser Stein kann auf unzählige Arten geschliffen werden, vom modernen runden ›Brillantschliff‹ mit 58 Facetten, der von oben betrachtet aussieht wie ein Spinnennetz, bis zu der ›vollen holländischen Rose‹ mit 25 Facetten. Außerdem kann dieser Stein ›rauh‹ aussehen, entweder poliert und leuchtend von Natur aus, oder auch ›wie mit Zucker überzogen‹, wenn er von anderen Mineralien durchsetzt ist.

Ein Diamant ist nichts weiter als reiner kristallisierter Kohlenstoff, dessen Leben vor vielen Tausenden von Jahren tief in der Erde begonnen hat. Die Kohle, durch vulkanische Faltungen von ihrem Sims gelöst, vermischte sich mit geschmolzenem Gestein und bahnte sich unter Druck ihren Weg durch Spalten und Fissuren bis zur Erdoberfläche. Dann kam es wahrscheinlich zu weiteren vulkanischen Faltungen, und der ganze Prozeß wiederholte sich: brechen, falten, schmelzen und aufsteigen, und jedes Mal entstanden neue Minerale. Aus der Kohle wurde Diamant, der sich in einem felsigen Reich festsetzte, das ›Blaue Erde‹ genannt wird, zusammen mit Pyrop-Granaten, Olivinen (Chrysolit), glänzenden Flocken von Mika und ein paar anderen Steinen, die unter dem Einfluß von Druck und Hitze entstanden sind.

Kein Wunder, daß der Diamant die härteste dem Menschen bekannte Substanz ist, mit einer Härte von Zehn, passend zu der der Sonne zugeordneten Zahl. Der Name ist von dem griechischen Wort adamas abgeleitet, das soviel heißt wie ›unbesiegbar‹. Seine Struktur ist überaus komplex, und die Atome werden von mächtigen Kräften zusammengehalten.

Dieser Stein eignet sich als kostbarer Kristall für die in der ersten Hälfte Löwe Geborenen, weil Jupiter, der an diesem Punkt Einfluß auf das Zeichen ausübt, von der Erde aus gesehen ein gelbes Licht auszustrahlen scheint. Man glaubt auch, daß vom Jupiter, ebenso wie von der Sonne (dem herrschenden galaktischen Körper für das Zeichen Löwe), eine gewisse Strahlung ausgeht. Der gelbe Diamant erhält seine Farbe nach Ansicht der Mineralogen wahrscheinlich durch Strahleneinwirkung.

Der weiße Diamant

Manchmal spricht man bei diesem lupenreinen Schmuckstein auch von einem Stein ›reinsten Wassers‹, was einen
Diamanten der besten Sorte bezeichnet. Die indischen
Händler des vierten Jahrhunderts nannten ihn ›ein Bruch-
stück der Ewigkeit‹, und aus der indischen Mythologie
stammt die Legende des Koh-i-noor, der den Menschen
auf der Stirn des Kindes Karna, dem Sohn der Sonne und
einer Prinzessin aus der herrschenden Familie, überbracht
wurde. In der Legende heißt es, daß nur ein Gott oder eine
Frau von Strafe und Verletzung verschont bleiben würden,
die den Stein besitzen.

Im Altertum glaubte man, daß der Weiße Diamant vor
Schaden bewahren würde – jeder, der sich gegen den Besitzer eines solchen Steines wandte, würde von seinen teuf-
lischen Ideen selbst heimgesucht werden. Das traditions-
reiche Mittel für unglückliche Löwe-Geborene mit einer
Neigung zum Wahnsinn war ein Elixir aus Wasser, Alkohol und Diamantstaub – man nimmt übrigens an, daß
dieser Trank das vorzeitige Ende des Kaisers Friedrich II.
herbeigeführt hat.

Die Wahl dieses Steines ist gut getroffen, denn der Diamant ist der Kristall der Sonne; außerdem hat man beobachtet, daß der Boden des Mars, veränderlicher Planet in
diesem Bereich des Tierkreises, von einer dünnen, weißen
Schicht überzogen ist.

Zirkon

Die Schmuckliebhaber im alten Griechenland waren so in diesen Stein vernarrt, daß sie ihm den Namen der Hyazinthe, ihrer Lieblingsblume, verliehen. Die Perser tauften ihn Zargun, was soviel bedeutet wie ›alle Schattierungen von Gelb‹. Jahrhundertelang setzten die Eingeborenen tief im Dschungel Kambodschas, wo man auch heute noch die meisten dieser bezaubernden Steine findet, den orangebraunen Zirkon großer Hitze aus, bis er die Farbe änderte und ein prächtiges Himmelblau aufwies – ein Verfahren, das heute noch in Thailand durchgeführt wird. Welche Farbe der Zirkon auch aufweist, sein Funkeln entspricht oft dem des Diamanten. Er wird mit dem Sternzeichen Löwe in Verbindung gebracht durch Jupiter, dem veränderlichen Himmelskörper des Löwen der ersten Hälfte. Seinen Färbungen nach erhält er unterschiedliche Namen. Der Zirkon selbst ist grün; die gelbe Varietät heißt Jargon, die orange Hyazinth, die braune Malacom und die klare oder weiße wird Matura genannt.

1833 entdeckten Geologen einen Stein, der zu einem zweiten Talisman für die Löwen der ersten Hälfte geworden ist, nämlich den *Phenakit*. Ursprünglich wurde er für Bergkristall gehalten, ist aber härter und schwerer als dieses Mineral. Der Name ist vom griechischen phenax = Betrüger abgeleitet. Phenakit kommt in Schattierungen von Blaßrosa, Weingelb und klar Weiß vor. Er findet sich in Brasilien, Mexiko, Namibia, Zimbabwe, Rußland, Amerika, Tansania und in der Schweiz. Er enthält das seltene metallische Element Beryllium.

Heliodor

Für die in der zweiten Hälfte Löwe Geborenen gibt es als Talisman den goldfarbenen Heliodor aus Südwestafrika. Dieser Kristall gehört zur Familie der Berylle, ebenso wie der Smaragd und der Aquamarin. Aber keiner dieser beiden Edelsteine läßt sich mit der Sonne koppeln, denn nur vom Heliodor glauben die Wissenschaftler, daß er radioaktiv ist.

Der Heliodor entsteht durch extremen Druck und hohe Temperaturen. Er verfügt über ein geringes spezifisches Gewicht und einen ungewöhnlich hohen Schmelzpunkt. Es wird vermutet, daß die Intensität seiner Farbe von Eisen erzeugt wird, demselben metallenen Element, das auch für den rostrosa Boden des Mars verantwortlich ist (also für den veränderlichen Planeten der in der zweiten Hälfte Löwe Geborenen).

Ein weiterer Talisman für die Löwe-Geborenen der zweiten Hälfte ist der sehr schöne gelbe oder grüne *Sphen* oder *Titanit*. Das reinweiße Licht der Sonne umfaßt das volle Spektrum des Regenbogens. Übereinstimmend damit enthält der Sphen Titan, ein Metall, das anderen Metallen das volle Spektrum verleiht, wenn es als Oberflächenschicht aufgetragen wird. Außerdem ist Titan ein Metall, das in bezug auf seine Härte durch nichts übertroffen wird, das selbst unter höchsten Temperaturen nicht schmilzt. Sphen enthält auch Eisen. In Schmuckqualität verfügt er außerdem über Eigenschaften des Lichts, die einem von der Sonne beherrschten Individuum angemessen sind, während es mit der kühlen, weißen Oberfläche des

Mars übereinstimmt. Wenn Ihr Schmuckhändler diesen prächtigen Schmuckstein nicht beschaffen kann, wäre das eine Reise in die Schweiz, nach Amerika, Brasilien oder Mexiko wert, wo er hauptsächlich gefunden wird.

Vanadinit

Die von der Sonne beherrschten Löwe-Geborenen der ersten Gruppe, mit Jupiter als veränderlichem Planeten, haben dieses strahlend orangerote oder blendend gelbbraune Mineral als außergewöhnlichen ›Kopfkissen-Kiesel‹. Vanadinit gehört zur Bleifamilie und ist reich an Vanadium, einem grauen, metallischen Element, das zur Härtung von Stahl verwendet wird. Es enthält ungewöhnliche chemische Verbindungen und fängt erst bei hohen Temperaturen an zu schmelzen.

Unsere Sonne ist ein himmlischer Hochofen, und auch Jupiter strahlt ungeheure Energien aus, wenn auch in geringerem Maße. Als das Eis schmolz, das den Körper Ios (Jupiters Hauptmond) umgab, verdampfte sein Wasser ins Weltall und brachte schließlich die goldenen, strahlungsreichen Höfe hervor, die ihn noch heute krönen, während seine rote und gelbe Färbung von aktiven Vulkanen herrührt. Die Natur bringt Vanadinit in allen Schattierungen von Bernstein, Gelb, Orangerot und Rubinrot hervor, jeder Ton passend entweder zum himmlischen Herrscher oder zu dem veränderlichen Planeten Jupiter. Die wunderhübschen Vanadinitkristalle, die härter sind als Stahl und manchmal winzige Spuren von Arsen enthalten, wachsen für gewöhnlich auf dunklen, wettergegerbten Felsen, schwelgen in Vertiefungen und überziehen die Außenseite mit kleineren, helleren Kristallen in der Farbe eines Sonnenuntergangs.

Ein zweites Gestein für Löwe-Geborene der ersten Hälfte ist *Muskovit,* der Glimmererde enthält. Gelegentlich kann dort, wo Glimmererde vorkommt, ein Diamant gefunden werden, denn sie entstanden beide tief im Erdinnern, wanderten durch Nischen und Rinnen bis nahe an die Erdoberfläche. Für gewöhnlich tritt der Muskovit blättrig auf, aber manchmal entwickelt er sich auch in langen, flachen Lagen, die an eine Reihe Bücher mit silbernen Rücken erinnern.

Der Name Muskovit leitet sich von ›Muskovy‹ her, dem alten Namen für Rußland. Dasselbe Wort wurde verwendet, um hitzebeständige Produkte zu bezeichnen, zum Beispiel Ofentüren. Heute wird Muskovit als elektrischer Isolator und für eine Menge anderer Dinge benutzt, einschließlich künstlichem Weihnachts-›Schnee‹. Dieses perlähnliche, schimmernde Mineral enthält u. a. Aluminium und Eisen, beides Elemente, die von der Sonne herrühren. Hält man ihn gegen das Licht, zeigt der Muskovit sich als sechsstrahliger Stern mit durchscheinenden Schattierungen in Grau, Gelb, Bräunlich, Grün und Weiß. Dieser ›Kopfkissen-Kiesel‹ für die Löwen ist ein häufig vorkommendes Mineral; es findet sich vor allem in Amerika, Kanada, Indien und Rußland.

Schwefel

Dieser seit biblischen Zeiten bekannte Stein findet sich meist auf einem dunklen Muttergestein und besteht für gewöhnlich aus durchscheinenden, viereckigen, hellgelben Kristallen, von denen einige mehrere Zentimeter im Durchmesser aufweisen. Hält man ein Schwefelkristall in der warmen Hand, wird es sich ausdehnen, reibt man es, lädt es sich negativ auf. Manchmal kommt Schwefel auch säulenförmig vor oder in winzigen, pudrigen Klumpen. Schwefel ist nicht immer rein, und hinzugefügte Chemikalien verleihen dem ursprünglich gelben Mineral einen grünen oder bernsteinfarbenen Ton, wenn es von hinten beleuchtet wird. Ein Nest aus Schwefelkristallen wird zu einem prächtigen Mittelpunkt eines jeden Löwen-Heimes.

Homer spricht von Schwefel als Weihrauch. Wahrscheinlich ist das auf eine Verwechslung zurückzuführen, denn es gibt Schwefelstangen, die man gewinnt, wenn man Schwefel schmilzt und zu dünnen Stangen gießt, die mit blauer Flamme abbrennen. Diese Stangen wurden jahrhundertelang zur Reinigung nach Krankheiten eingesetzt, um ungezieferverseuchte Behausungen zu säubern oder um Dämonen zu vertreiben. Außerdem wurde das Produkt auf Insektenstiche aufgetragen.

Heute ist Schwefel ein wichtiger Bestandteil von Schießpulver, Streichhölzern, Feuerwerksartikeln und Düngemitteln. Weltweit werden jährlich mehr als 24 Mio. t produziert. USA (ein Bundesstaat allein produziert drei Mio. t im Jahr), Kanada, Frankreich, Italien, Japan, Mexiko und Rußland sind unter den Lieferanten. Um ihn mit der Sonne zu vergleichen: Schwefel entsteht durch chemische, auf Wasserstoff basierende Reaktionen und in Konjunktion mit dem Mars (dem veränderlichen Planeten an diesem Punkt).

Andere ›Kopfkissen-Kiesel‹ für die zweite Hälfte Löwe sind Steine, die als ›*Vulkanische Bomben*‹ bekannt sind. Sie ähneln kleinen, schwärzlichen Erbsen. Sie sind zwar nicht hübsch, aber doch faszinierend. Vulkanische Bomben haben einen Durchmesser von nur wenigen Millimetern; nehmen ihren Ursprung als geschmolzene Steine, die von einem Vulkan ausgespien werden. Während sie noch flüssig sind, wirbeln sie im Flug durch die Luft. Im Verlaufe dieses Prozesses erhärten sie sich allmählich und werden zu spitzen, festen Mineralien.

Erste Hälfte Jungfrau
(22. August – 5. September):
Kostbarer Schmuckstein

Schwarzer Opal

Bis vor kurzem kamen die einzigen Schwarzen Opale der Welt aus einem Gebiet von neun Quadratmeilen Durchmesser in Neusüdwales, Australien, das Lightning Ridge genannt wird. Inzwischen werden erstklassige Steine auch in Indonesien gefunden, wo sie aus Unkenntnis ihres Marktwerts weniger kosten. Beide Vorkommen enthalten auch halbschwarzen Opal, aber der indonesische Java Black mit seinem blitzenden ›Feuer‹ – einer Farbpalette, die das gesamte Spektrum umfaßt und sich von einem absolut pechschwarzen Hintergrund abhebt – ist ein sehr hübscher Schmuckstein und für diesen Bereich des Tierkreises besonders geeignet.

Die kunstvolle Schichtung eines einstmals flüssigen Minerals ist der Grund für die Tiefe und Vitalität dieses kostbaren Schmucksteins mit seinen regenbogenartigen Farben, die durch die Brechung weißen Lichts entstehen.

Die einzigen Schwarzen Opale in der Geschichte sind jene, nach denen die Römer gierten. Sie kamen aus Ungarn, und heute vermutet man, daß es sich um Weiße Opale minderer Qualität handelte, die künstlich gefärbt wurden, indem man Zucker oder Honig einbrannte. Es ist wichtig, daß Jungfrau-Geborene begreifen, daß hier ein solider Schwarzer Opal gemeint ist, keine Doublette, so hübsch sie auch sein mag. Die ›Triplette‹ ist eine dünne Scheibe Opal, die auf einen dunklen Hintergrund geklebt und mit einer durchsichtigen Kuppel versehen wird. Die ›Doublette‹ ist dasselbe, ohne die durchsichtige Krone, aber in seltenen Fällen kann es sich auch um eine Scheibe

Opal handeln, die mit einem anderen, klareren Material gekrönt wird, oder aber um eine natürliche Doublette.

Unsere Vorfahren glaubten, der Opal wäre das Mineral, das die Brücke zwischen Himmel und Erde bildet. Aus diesem Grund nannten sie den Stein manchmal ›Das Auge des Universums‹. Noch bedeutsamer war und ist er als ›Stein der Hoffnung‹.

Iolith

Die Zusammensetzung dieses Kristalls aus zwei weißen und zwei dunklen metallischen Elementen paßt zur dunklen Seite des Merkur (von dem die Populärastrologen immer behaupten, er regiere die Jungfrau-Persönlichkeit), doch gleichermaßen auch zur sonnengebleichten Seite dieses Planeten.

Der Name leitet sich von dem griechischen Wort für › Veilchen‹ ab. Daß er verschiedene Färbungen aufweist, wenn er aus unterschiedlichen Winkeln betrachtet wird, brachte ihm auch einen Spitznamen ein – nämlich Dichroit. Die meisten Iolithe von Schmuckqualität finden sich in leeren Aushöhlungen, die ursprünglich von Gasblasen in heißer Lava erzeugt wurden. Entsprechend der äußerst heißen Position des Merkur und des veränderlichen Planeten Venus entsteht der Iolith unter Druck und hohen Temperaturen dort, wo sich konzentrierte Dämpfe und seltene metallische Elemente ihren Weg durch Lava bahnen, die bereits am Erkalten ist, bis sie die letzte Stufe in der Zentrumsmasse erreichen. Dort, in leerem Raum, erhärtet sich ein Teil der mineralreichen Flüssigkeit zu großen Iolith-Kristallen, die unterschiedliche Mischungen aus Magnesium, Aluminium, Eisen und Mangan enthalten.

In vergangenen Zeiten war Iolith als › Wassersaphir‹ bekannt. Es ist das Eisen, das ihm seine vorherrschende blau-violette Farbe verleiht, obwohl ungewöhnlich hübsche Exemplare aus Sri Lanka interessante rote Schattierungen aufweisen, die auf zusätzliche Hämatitkristalle zurückzuführen sind, die sich im Körper des Steins befinden.

Almandin-Granat (auch *Karfunkel* bei Cabachon-Schliff genannt) ist ein weiterer kostbarer Kristall für die Jungfrau-Geborenen der zweiten Hälfte. Alle Granate haben dieselbe Grundzusammensetzung, entstehen bei hohen Temperaturen und sind reich an Metallen, wenngleich diese sich bei den einzelnen Varietäten unterscheiden. Der Almandin ist in erster Linie eine Eisen-Aluminium-Komposition und die bekannteste Art der großen Granat-Familie, wenn er halbrund geschliffen ist. Die alten Griechen, Zauberer im Umgang mit Bohrer und Schleifrad, bearbeiteten ihn mit großem Erfolg als Modestein. Ihre Kunstfertigkeit lebt weiter in einem Karfunkelstein, der um die Mitte des 6. Jahrhunderts v. Chr. geschliffen worden sein muß. Auf seiner Oberfläche befindet sich ein bis ins feinste Detail ausgearbeitetes Bild. Ein Mann mit Mütze, der in einen Umhang gehüllt auf einem Felsen sitzt, bietet einem Adler, der ebenso groß ist wie er selbst, ein Gefäß an. Ein gekrümmter Laubbaum umfaßt beide, und eine weitere Linie zeigt die flache Erde an.

Kreuzfahrer trugen Karfunkel zum Schutz gegen Kriegswunden mit sich. So, wie ›Industriediamanten‹ bei der Herstellung von Maschinen Verwendung finden, findet man mindere Granate in Steinen, die als Grundsteine Verwendung fanden.

Ein weiterer roter Granat, der sogenannte *Arizona-* oder *Neu-Mexiko-Rubin,* wurde einst von den Navajo-Indianern aus Ameisenhügeln und Skorpionnestern geholt.

Erste Hälfte Jungfrau
(22. August – 5. September):
Talisman

Labradorit

Aufgrund des Gehaltes von zahllosen winzigen Eisenteilchen irisiert der Labradorit in Fasanenblau, Grün, Gold und Grün-gelb. Manchmal blinkt ein rosarotes oder purpurnes Teilchen schüchtern aus seinem Versteck hervor. Wie bei Libellenflügeln tauchen die Farben auf und verschwinden ebenso schnell wieder. Dieser optische Effekt wird hauptsächlich durch das Aufprallen von Licht auf die Struktur des Labradorit erzielt.

Die Hintergrundfarbe dieses Steines, der schönsten Varietät von Feldspat, ist häufig dunkelgrau, während ein anderer Typ durchsichtig und blaßgrau ist. Aber in welcher Version sich der Labradorit auch zeigt, er wird vom Merkur bestimmt (wie die Menschen aus diesem Bereich des Tierkreises), mit Untertönen des Saturn, da dieser der veränderliche Planet für die Jungfrau-Geborenen der ersten Hälfte darstellt.

Jahrhundertelang wurde der Labradorit für Kameen und Schnitzarbeiten verwendet, aber heutzutage wird er hauptsächlich flach geschliffen, um dann in Ringfassungen eingesetzt zu werden, oder aber rund als Perle. Doch nichts entzückt den wahren Kenner dieses Minerals so sehr wie eine einfache Kette von naturbelassenen, aufgereihten Labradorit-Steinen.

Ich will hier nicht unerwähnt lassen, daß kürzlich in Australien eine reine, kristalline Labradorit-Varietät gefunden wurde, der jedoch die Schönheit und Faszination des anderen Steines fehlt und deshalb nicht zu den Schmucksteinen gezählt werden kann.

Das Mausoleum, das in den 30er Jahren in Moskau für Lenin errichtet wurde, besteht aus rotem Granit aus der Ukraine und tonnenweise Labradorit – wahrscheinlich aus Vorkommen im Ural. Der Stein selbst ist nach dem Land benannt, in dem er zuerst gefunden wurde, nämlich Labrador.

Ein weiterer, für die Jungfrau-Geborenen der ersten Hälfte geeigneter Talisman ist der *Spessartin* oder *Mangantongranat,* der in Amerika, Brasilien, Afrika und Sri Lanka gefunden wird. Juweliere verwenden fünf Mitglieder dieser Familie bei ihrer Arbeit, was der Zahl 5 entspricht, die in der Numerologie dem Planeten Merkur zugeordnet wird. Die Härte und die metallischen Bestandteile des Spessartin machen aus ihm einen definitiven Talisman für Jungfrau-Geborene.

Tigerauge

Dieser Stein, der dem funkelnden Auge eines Tigers in der Nacht ähnelt, weist einen goldenen Lichtstreifen auf, der sich über die volle Breite der polierten Oberfläche hinzieht und ihr einen beweglichen Glanz verleiht. Wird das Tigerauge zu Perlen verarbeitet, zeigt es parallele, helle, seidengleiche Farbbänder neben dunkleren samtigen Bändern, doch mit jeder Bewegung dreht und wendet sich die Farbanordnung. Eine Kombination aus Gelbbraun und Schokoladenbraun ist die Schattierung, die für gewöhnlich mit diesem Talisman der Jungfrau-Geborenen assoziiert wird, doch das Tigerauge kann auch verschiedene Grünfärbungen neben Bronzerot aufweisen, oder zitronengelbe Linien, die sich um (und neben) einer dunkelblauen Fläche drehen.

Sein geologischer Name lautet Krokydolith, was auf das Asbest-Mineral hinweist, das ihm einen indigoblauen Ton verleihen kann, wenn es den Quarzkörper durchdringt. Weniger glänzender Krokydolith wird zu Bremsbelägen, zu feuerfesten Stoffen und zu Isolierungen verwendet. Hier findet sich auch die Verbindung zu Merkur (dem herrschenden Planeten der Jungfrau) und der Venus (dem veränderlichen Körper). Durch natürliche Prozesse in der Erdkruste verändert Krokydolith die Zusammensetzung (nicht die Form) und nimmt für gewöhnlich eine gelbbraune Färbung an, was ihn zu dem häufiger zu findenden gelben Tigerauge macht; doch hin und wieder wird während des Verwandlungsprozesses ein Stadium erreicht, wo ein Teil des ursprünglich blauen Produktes grüne Tigeraugen produziert oder ›Zebra‹, wie dieser Stein im Handel heißt. Wenn der Krokydolith keine weitere Wandlung durchmacht, bleibt der Stein dunkelblau und wird dann als ›Habichtsauge‹ bezeichnet. Das rote Tigerauge ist wiederum eine ganz andere Sache, denn diese Tönung entsteht durch Wiedererwärmung, die auf natürliche Weise in der Erde oder künstlich durch Menschenhand erzeugt werden kann. Das Tigerauge enthält eine Spur Eisen. Unsere Vorfahren glaubten, daß es gegen den Bösen Blick schützen würde.

Blaugetönte Lava aus dem Vesuv kann man wohl kaum als Edelstein bezeichnen, aber sie ist auf jeden Fall ein zweiter Talisman für die Jungfrau-Geborenen der zweiten Hälfte. Dieses natürliche, durchsichtige Gestein sieht prächtig aus, wenn es geschliffen und poliert ist. Vulkanische Eruptionen verursachen das Verschmelzen von Mineralien; wenn sich die geschmolzene Masse gesetzt hat, glitzern manche Gebiete unter Myriaden von Kristallen, während andere stumpf bleiben; Lava läßt sich im allgemeinen nicht bearbeiten, lediglich die Varietät des Vesuv bildet eine Ausnahme, die ihn für einen Handwerker interessant macht.

Hämatit

Dieser glänzende, schwarze Stein ist eines der wichtigsten Eisenerze, das die Verbindung zwischen dem riesigen Metallkern und der Felszusammensetzung des Merkur herstellt, während seine Farbe es mit dem Saturn verbindet, dem veränderlichen Planeten in diesem Bereich des Tierkreises.

Das Mineral Hämatit kommt häufig in kleinen Kristallen vor. Um diese siedeln sich andere Mineralien an, die es dann umschließen. Dann wieder findet es sich auf bereits entwickelten, separaten Mineralien. In beiden Fällen färbt es dann das übrige dumpfe Material. Die Eigenfarbe des Hämatit ist ein dunkles Stahlgrau; beim Schleifen jedoch entsteht ein kirschrotes Pulver, das in Verbindung mit Wasser wie Blut aussieht: daher sein zweiter (selten benutzter) Name ›Blutstein‹.

Hämatit kann als Knollen (nieren-, leber-, lungenförmig), aber ebenso auch in dünnen Platten vorkommen, die zu Rosetten zusammengefaßt sind. In dieser Form findet man es in den Alpen. Der von den Juwelieren verarbeitete Hämatit hat eine nierenförmige Struktur, die als ›Nierenerz‹ bekannt ist. Kameen, Perlen, Cabochons und Manschettenknöpfe aus Hämatit sind ein ›Muß‹ für modebewußte Leute.

Ein zweiter ›Kopfkissenkiesel‹ für Jungfrau-Geborene ist der *Magnetit,* ein weiteres wichtiges Eisenerz. Auch hierbei handelt es sich um ein reichlich vorkommendes und weitverbreitetes Mineral, das magnetisch ist, wenn es in sulfiden Adern vorkommt, und zur Herstellung der ersten

Kompasse verwendet wurde. Damals wurden Splitter dieses Minerals in Wassereimer gelegt und mit Punkten versehen, die den Norden, Süden, Osten und Westen markierten. Aus diesem Grund trugen Seeleute einst eiserne Kreuze als Talisman. Obwohl diese Verwendungsart des Magnetiten viele Schiffe sicher über die Meere führte, lesen wir doch in den ›Märchen von tausendundeiner Nacht‹ von Schiffen, deren Planken herausgerissen wurden, weil die Anziehungskraft von ganzen Bergen aus Magnetit auf die Nägel zu stark war!

Magnetit wird umgangssprachlich auch einfach als ›Magnetstein‹ bezeichnet; seine magnetischen Eigenschaften werden in der Industrie ebenso gern genutzt wie in der alternativen Medizin, wenn es darum geht, Polarität zu erreichen. Von diesem Mineral hat ein Gelehrter einst gesagt: »Wenn der Magnetstein herumgetragen wird, sollte er in rotes Tuch eingeschlagen werden. Sein Aufbewahrungsort soll trocken sein, damit er seine Kraft, Krämpfe und Gicht zu kurieren, nicht verliert.« Darüber hinaus wird der Magnetstein dafür sorgen, daß ein »Redner Überzeugungskraft entwickelt«.

Häufig tritt Magnetit als dumpfer, dunkler Klumpen auf, aber manchmal verleiht er dem violetten Amethyst, dem Bergkristall oder der Glimmererde noch zusätzliche Schönheit. Gelegentlich wird der Eisengehalt des Magnetit, oder eines Teils davon, durch Magnesium, Aluminium und Chrom ersetzt, aber es handelt sich dennoch um ein Jungfrauen-Mineral, denn alle Ersatzelemente sind metallisch und passen zu dem sonnenheißen, herrschenden Planeten. Magnetit hat eine Härte von 5,5, was der Ziffer des Merkur selbst entspricht.

Meteorit

Entsprechend der dichten, von der Sonne erhitzten Oberfläche des Merkur hat der Meteorit eine harte Kruste, in
der viele chemische Stoffe durch Hitze und Druck miteinander verschmolzen sind oder sich verbunden haben. Die
Wissenschaft unterteilt diese chemischen Stoffe in ›stei-
nern‹, ›eisenhaltig‹ und ›eisern‹. Der ›Kopfkissen-Kiesel‹
der Jungfrau-Geborenen der zweiten Periode ist also nichts
anderes als das Überbleibsel einer großen Masse Urge-
steins aus dem Sonnensystem, von dem allgemein ange-
nommen wird, daß es in dem Asteroiden-Gürtel zwischen
Mars und Jupiter entstanden ist. Das Material wurde
durch Gravitation automatisch zur Sonne hingezogen, sobald es aus der Umlaufbahn geschleudert wurde, und
durch Zufall oder Glück hat es unsere Atmosphäre erreicht, wo es weißglühend wurde und explodierte. Die
Fragmente, die dann die Erde erreichten, sind als Meteoriten bekannt.

Im Grabe Tutenchamuns wurde ein Dolch gefunden,
der aus dem ›Kopfkissen-Kiesel‹ der Jungfrauen geschnitten war; und einmal, vor einigen Jahren und wiederum in
Ägypten, wurde ein Hund von einem Eisenmeteoriten er-
schlagen. Doch im allgemeinen haben diese Objekte nur
wenig Schaden angerichtet. Tatsächlich sind die meisten so
winzig, daß sie niemals jemand findet.

Ein weiterer ›Kopfkissen-Kiesel‹ für Jungfrau-Geborene
ist der *Obsidian,* der eine Härte von 5 aufweist. Strengge-
nommen ist Obsidian kein Mineral, sondern ist vulkani-
sches Glas (geschmolzenes Quarz), das einst von einem

Vulkan ausgespien wurde. In den Kulturen des alten Mexiko war dieses Material besonders beliebt. Es ist für gewöhnlich schwarz und weiß und grau gefleckt, was zu so passenden Namen wie ›Schneeflocke‹, ›Blumenpracht‹ und ›Apachenträne‹ Anlaß gegeben hat. Eine andere Varietät, *Bergmahagoni* genannt, weist orange-rote und braune Bänder auf, die durch Hohlräume im Verlaufe der Formation entstanden sind. Die Mexikaner hielten diese gefärbten Bänder früher für neutralisierte, negative Magie.

Grüner Obsidian läuft unter der Bezeichnung ›Flaschenstein‹ und ist für die Kinder des Merkur ebenfalls geeignet.

Spinell

Dieses Chamäleon unter den Edelsteinen hat eine größere Bandbreite an Färbungen als jede andere Varietät. Spinell ist seltener als Rubin oder Saphir, mit denen er häufig gefunden wird. Schon zu Zeiten des Römischen Reiches war der von vielen Geschichten umsponnene Edelstein bekannt. Der Schwarze Prinz (Eduard, Prinz von Wales [1330 – 1376], nach der Farbe seiner Rüstung ›Schwarzer Prinz‹ genannt) trug bei der Schlacht von Crécy einen Spinell. Dieser Stein leuchtet jetzt neben dem zweitgrößten Diamanten der Welt in der englischen Königskrone. Die königliche britische Familie besitzt außerdem einen ungeschliffenen Spinell, der als der Timur-Rubin bekannt ist; dieser Stein ist dadurch einzigartig, daß die sechs vorherigen Besitzer ihre Namen in seine Oberfläche schleifen ließen. Ein Spinell schmückte die Krone der letzten Zarin von Rußland.

Spinelle gibt es in unterschiedlichen Farben. Die besten für Waage-Geborene der ersten Hälfte sind, in umgekehrter Reihenfolge: die klare Varietät oder transparentes Weiß; die blaue Varietät, die Zink enthält; und die dunkelgrüne Art, die als *Ceylanit* bekannt ist und Eisen und eine Spur Chrom enthält. Letztere sollte den anderen vorgezogen werden, weil sie nicht nur dem Planeten Venus, dem Herrscher über die Waage-Geborenen, gefällt, sondern auch Uranus, dem veränderlichen Planeten.

Spinelle unterschiedlicher Varietäten, die sich aus den metallischen Elementen Magnesium und Aluminium zusammensetzen, kommen aus Afghanistan, Burma, Sri

Lanka und Thailand. Der Stein erreicht die beachtliche Härte von 7,5 bis 8.

Als zweiten kostbaren Kristall sollten Waage-Geborene dieser Periode einen *Weißen Topas* wählen. Dieser Stein, der in säurehaltigem Felsgestein vorkommt, findet sich für gewöhnlich in Australien, Brasilien, Japan, Zimbabwe und dem Ural.

Ein dritter Kristall großer Schönheit ist der *Kyanit,* die reinste aller Formen von ›Kopfkissen-Kieseln‹, die die Waage-Menschen beanspruchen können.

Blauer Saphir

Seit dem Mittelalter wurde das griechische Wort sapphirus, blau, dem Blauen Saphir zugeordnet, einem Kristall von Edelsteinqualität, der der Varietät Korund angehört. Seither werden alle Färbungen außer Rot und Orange als Saphir bezeichnet. Aber für gewöhnlich meinen wir Blau, wenn wir diesen Namen benutzen, und dies ist der kostbare Kristall für die in der zweiten Hälfte Waage-Geborenen.

Die Zusammensetzung des Saphir basiert auf Aluminium, die Farbpigmente sind Eisen und Titan. Es handelt sich um einen Stein mit der Härte 9, der säurebeständig ist und selbst unter erhöhten Temperaturen fest bleibt. Er ist der wertvollste mineralische Erdenpartner für die metallischen Welten der Venus (herrschender Planet) und des Merkur (veränderlich), die beide der unvorstellbaren Hitze ihres nahen Nachbarn, der Sonne, ausgesetzt sind. Die blauen und schwärzlichen Tönungen werden mit der Begründung zugeteilt, daß die meisten Astrologen darin übereinstimmen, daß Waage-Menschen von der Macht ihrer himmlischen Monarchen beeinflußt werden. Waage-Geborene können aber auch eine der bräunlichblauen oder grünlichblauen Schattierungen auswählen.

Die wahrscheinlich begehrteste, aber auch seltenste der Blautönungen des Saphirs ist die intensive kornblumenblaue Farbe mit der samtigen, durchscheinenden Struktur. Diese ›Kaschmir‹ genannte Varietät kommt in Burma und Sri Lanka vor, stammte aber früher aus der bergigen Region Indiens, wo die Vorkommen jetzt völlig abgebaut sind. Waage-Geborene, für die der Kaschmir nicht zu bekommen ist oder deren Mittel er übersteigt, sollten einen Blick auf den *Sternsaphir* werfen. Möglicherweise werden sie feststellen, daß sie den Kaschmir vergessen, wenn sie voll Faszination das Ebenbild ihres herrschenden Planeten Venus in diesem wunderbaren, sechsstrahligen Stern widergespiegelt sehen.

Ein schöner Sternsaphir ist leicht zu definieren. Er sollte eine schöne Farbe aufweisen (obwohl Sternsaphire für gewöhnlich blasser sind als klare Kristalle), und der Stern sollte ziemlich in der Mitte des Steines sitzen und gerade, kräftige Strahlen aufweisen. ›Der Stern von Indien‹ ist mit 536 Karat der größte existierende geschliffene blaue Stein, während der größte Schwarze Sternsaphir der ›Mitternachtsstern‹ ist, der 116 Karat wiegt. Auch der hypnotische Sternstein mit seinem schwarzen Körper ist für diesen Bereich des Tierkreises korrekt. Er findet sich hauptsächlich in Australien.

Im Gegensatz zu den anderen Saphiren (die facettiert sind), muß der Sternstein als Cabochon geschliffen werden, also halbrund, damit der sechsstrahlige Stern ganz zu sehen ist. Dieser Stern wird manchmal durch Rutil-Einschlüsse verursacht (nadelähnliche Kristalle), die in drei Richtungen verlaufen und sich an einem Punkt kreuzen. Rutil ist ein eigenständiges Mineral, das der wachsende Saphirkristall im Laufe seiner Entwicklung eingefangen hat. In Verbindung mit Venus und Merkur dient Rutil in der Industrie als Quelle für Titan.

Auch der *Sillimanit* paßt gut zu Waage-Geborenen der zweiten Hälfte, da er häufig unter erhöhten Temperaturen entsteht, was ihn außergewöhnlich widerstandsfähig gegenüber Chemikalien, Hitze und Druck werden läßt. Der hier geeignetste Sillimanit scheint auf den ersten Blick blau-violett zu sein, doch wenn man ihn aus einem anderen Winkel betrachtet, wechselt die Farbe zu einem blassen Gelbgrau.

Dioptas

Aus den Tsumed-Diamantenminen in Südwestafrika und den Oxydationszonen von Kupfererzlagerstätten kommt ein glänzender Klumpen hypnotisch-grüner Kristalle, die lebhafter leuchten als jeder Smaragd. Das ist der Dioptas. Obwohl er dem Strahlen des Glimmers seines herrschenden Planeten Venus nicht nachsteht, ist dieser transparente Stein nicht als Schmuckstein geeignet. Bis zum heutigen Tage ist es unmöglich, diesen spröden Stein zu schleifen, aber Anhänger, Ohrringe, Manschettenknöpfe und Armbänder werden hergestellt, indem man den leuchtenden Dioptas in seinem ursprünglichen, ungeschliffenen Zustand beläßt und Metall an seiner Basis und den Seiten anbringt. Das Ergebnis läßt an einen Gold- oder Silberberg denken, der die Träume der Elfen festhält. Dioptas ist für diesen Bereich des Tierkreises richtig, denn er ist reich an Kupfer und findet sich gewöhnlich in Verbindung mit Schwefel, einem Hauptbestandteil des venusianischen Regens. Zum Uranus, dem veränderlichen Planeten der Waage-Geborenen der ersten Hälfte, paßt er aufgrund seiner Farbe.

Ein hübscher zweiter Talisman für Waage-Geborene der ersten Hälfte ist der *Tsavorit*. Er gehört zur Familie der Granate. Dieser neue, transparente, smaragdgrüne bis gelbgrüne Schmuckstein wurde in Kenia gefunden und von Tiffany & Co. 1974 auf den Markt gebracht. Er widersteht großer Hitze und Druck.

Kaiserlich Grüner Jadeit

Das hochgeschätzte Mineral Jadeit ist vor allem in Grün sehr gesucht, doch am schwersten zu finden. Es gibt viele andere Farben – Weiß, Rot, Rostbraun, Gelb und alle Töne von Violett – aber für diesen Bereich des Tierkreises haben wir Grün ausgesucht, weil diese Farbe auf Chrom zurückzuführen ist, das Härte und Widerstandsfähigkeit verleiht, wenn es Eisen hinzugefügt wird, Eigenschaften, die ein irdisches Mineral unbedingt benötigt, das sowohl parallel zur Venus (dem herrschenden Planeten) als auch zum veränderlichen Planeten Merkur ausgerichtet ist.

Die Chinesen nennen Jadeite ›Yu Shih‹, was soviel bedeutet wie der Yu-Stein. Sie glauben, daß er alle fünf Tugenden in sich birgt, die für ein glückliches und zivilisiertes Leben nötig sind: Mut, Bescheidenheit, Gerechtigkeit, Weisheit und Barmherzigkeit. In vergangenen Zeiten trug der chinesische Kaiser Sandalen aus Jadeit, und seine Beamten trugen Broschen aus demselben Material. Bis zum heutigen Tag werden große Jadeit-Brocken, die in orangefarbenen Ton eingebettet sind, mit Hilfe von Hitze gesprengt. Nachdem man sie dann mit Zangen auseinandergebrochen hat, werden sie mit dünnen Stahlsägen geschnitten, die fest auf Bambusbögen sitzen.

Kyanit

Kyanit entsteht unter schwierigen Bedingungen. Da es außerdem Alumnium enthält, ist es ein vollendetes Beispiel symmetrischer Eleganz und der ›Kopfkissen-Kiesel‹ für Menschen, die in der ersten Hälfte des Tierkreiszeichens Waage geboren sind. Die flachen, fein gezeichneten Flächen erinnern an einen graublauen Himmel, und ein sanftes Licht glüht aus den graublauen Tiefen, zeigt weiße, mattgrüne und hell-senffarbene Lichtflecken.

Kyanit kommt auch in Rosetten vor, die seinen Perlglanz und die Färbung ebenfalls vorteilhaft hervorheben. Es ist auffallend hitzebeständig und fast vollständig immun anderen Chemikalien (wie zum Beispiel Säuren) gegenüber. Wenn es auf 1300 Grad C erhitzt wird, spaltet es sich in ein dem Aluminium ähnliches Produkt, das unter der Bezeichnung Mullit bekannt ist, und auch in kieselerdereiches Glas.

Es begegnet den entgegengesetzten Zügen von Venus und Uranus mit den ihnen eigenen Widersprüchlichkeiten. Die Venus wirbelt nahe der Sonne und ist sengend heiß, während der eisige Uranus langsam an den äußeren Grenzen des Sonnensystems dahintrudelt. Kyanit weist einen ähnlichen Jekyll-Hyde-Charakter auf, denn im Längsschnitt ist er viel weicher als im Querschnitt. Die Griechen entdeckten diese Eigenschaft und nannten den Stein Distbene, was soviel bedeutet wie ›zweierlei Kraft‹. Der Name selbst leitet sich von einem anderen griechischen Wort her und bezieht sich auf seine Farbe, nämlich Blau. Heutzutage ist er in den meisten Ländern in Felsform erhältlich. Am

St. Gotthard (Schweiz) und in Arizona (USA) findet man die Kristalle in Edelsteinqualität – die kluge Waage-Geborene, nebenbei bemerkt, als kostbares Schmuckstück tragen könnten.

Die Natur hatte es nicht eilig, als sie den *Wavellit* entwarf, einen weiteren ›Kopfkissen-Kiesel‹ für Waage-Geborene der ersten Hälfte. Die Kristalle dieses Minerals enthalten Aluminium und Eisen und lassen sich am besten als weiße und bräunlich-gelbe Nadeln mit eingekratzten Gesichtern beschreiben, die kräftig oder lang sein können. Aber häufiger findet sich Wavellit in Mengen sternförmig strahlender Fasern, die an einem gemeinsamen Punkt beginnen und sich nach außen spannen, wodurch flache Kugeln bis zu einem halben Zoll Durchmesser entstehen, die an Seide erinnern, die fest um ein rundes Pappstück gewickelt ist. Dieser Mathematiker unter den Mineralien findet sich in Cornwall in England und in Holly Springs, Pennsylvania, in den USA.

Adamit auf Limonit

Wassereis erinnert an *Adamit,* ein durchscheinendes Mineral aus Kupfer, Zink und Kobalt. Kobalt ähnelt in mancher Hinsicht Nickel. Es handelt sich hier um ein silbrigweißes Metall, das dazu genutzt wird, einen dunkelblauen Farbton zu erzielen. Kupfer ist eine metallische Substanz, die hauptsächlich in der Elektro- und Pharmaindustrie verwendet wird; Zink findet in vielen Gebieten Anwendung, die für den Komfort und das Vergnügen des Menschen nötig sind, darunter Färberei.

Limonit ist ein Stein, der viel Eisen enthält. Er verdankt seine Existenz anderen eisenhaltigen Mineralien, die sich durch Witterungseinflüsse verändert haben. Er kommt entweder in ›Eiszapfen‹-Strukturen vor oder in langen, abgeflachten, gefurchten Stücken, die meistens glänzend sind, aber sie können auch stumpf sein. Hübsche Exemplare von Adamit auf Limonit kommen aus Mopimi in Mexiko, Cornwall in England sowie Sachsen, Rußland und Amerika.

Die Waage-Geborenen der zweiten Hälfte können einen Bestandteil ihres anderen ›Kopfkissen-Kiesels‹ *Ilmenit,* dazu verwenden, weißen Rauch für die Himmelsschrift zu erzeugen, aber der Stein selbst ist schwarz. Für gewöhnlich glänzt er, enthält Eisen, manchmal auch andere metallische Elemente, und ist eine wichtige Titan-Quelle. Er kommt in Flocken und Körnern vor, in breiten, flachen Kristallen oder in großen Klumpen. Schwerer Sandstrand enthält häufig den körnigen Typus, vor allem in Travencore, einem siebzehn Meilen langen Strand in Indien, und an Stränden in Australien und Amerika. Ilmenit kommt auch in Norwegen und Quebec vor. Die Spaßmacher unter den Waage-Menschen der zweiten Hälfte können sich also einfach einen Eimer schwarzen Sand als ihren ›Kopfkissen-Kiesel‹ neben das Bett stellen.

Rubin

In einer alten burmesischen Legende heißt es, am Anfang war eine große Schlange, die drei Eier legte. Aus dem ersten schlüpfte der König von Pagan, aus dem zweiten der Kaiser von China und dem dritten entsprang ein wunderbarer Samen, aus dem burmesische Rubine sprossen. Von diesen nahm man an, daß sie die Unverwundbarkeit im Krieg garantierten, wenn der Besitzer des Steines ihn in sein Fleisch einsetzte. Auch die Ceylonesen sahen im Rubin einen schützenden Stein, der aus Buddhas Tränen entstanden war. In der Bibel wird auf Gottes Geheiß hin ein Rubin auf Aarons Hals gelegt, den älteren Bruder Moses, und er wird als der kostbarste der zwölf Schmucksteine bezeichnet, die als die ersten der Welt geschaffen wurden. Im vierzehnten Jahrhundert glaubte man offensichtlich, daß der Rubin an der linken Hand getragen werden mußte, um seine schützenden Eigenschaften zu garantieren. Dazu gehörte auch, daß er schwarz wurde, wenn dem Träger Gefahr drohte, und seine lebhafte Farbe wieder annahm, wenn die Gefahr vorüber war.

Erstklassige Rubine, allgemein unter der Bezeichnung ›Taubenblut‹ bekannt, übertreffen im Wert mitunter selbst einen Diamanten gleicher Größe. Die wichtigsten Quellen befinden sich in Birma, Sri Lanka, Tansania und Thailand, der reichste Fundort im Magok- oder Mogok-Tal in Oberbirma. In letzter Zeit wurden in Tansania Rubine gefunden, deren auffallende Farbe von Purpurrot bis Braunrot reicht, während jene aus Thailand immer braunrot gewesen sind. Rubinvorkommen gibt es überall auf der Welt, aber die meisten sind als Schmucksteine ungeeignet, weil sie opak oder schlecht gefärbt sind. Diese Steine werden pulverisiert und in der Industrie als wichtiges Schleifmittel eingesetzt, Schmirgel genannt.

Korund, die Mineralvarietät, zu der der Rubin gehört, ist nach dem Diamanten das wohl härteste natürliche Material. Diese Härte unterstreicht die Zugehörigkeit des Rubins zum Planeten Neptun. Zu Pluto und Mars paßt der Rubin aufgrund seines Farbwechsels von Rot zu Grün (wenn bestimmte Labortests angewendet werden) und auch, weil er Chrom und Eisen (Ursache für seine Färbung) und viel Aluminium enthält. Die Härte 9 des Rubins entspricht der Zahl des Mars.

Der Name Rubin leitet sich her vom lateinischen rubens, rot. Fremde Einschlüsse in einem Rubin verringern seinen Wert nicht, erstens, weil sie einen Hinweis auf das Ursprungsgebiet geben und zweitens, weil der Farbton der wichtigste Faktor bei der Bewertung eines Rubins ist.

Der Sternrubin, der ebenfalls für diese Skorpion-Geborenen geeignet ist, hat dieselbe Zusammensetzung wie der einfache Rubin, doch hinzu kommt eine Vielzahl fremder, haargleicher Kristalle, die einen seidigen Glanz erzeugen. Wird der Stein als Cabochon (halbrund) geschliffen, zeigen diese Kristalle einen sechsstrahligen Stern, der über die Oberfläche schwebt, wenn der Stein bewegt wird. Dieser Stein weist für gewöhnlich einen deutlicheren Asterismus auf, wenn die Basisfarbe des Rubins hell ist.

Wird ein weiterer kostbarer Kristall gewünscht, so versuchen Sie es mit dem *Benitoit,* einem seltenen titanhaltigen Mineral, das in San Benito, Kalifornien, USA, gefunden wird. Dieser für gewöhnlich tiefblaue Schmuckstein, der um 1907 von Mr. Hawkins und T. Edwin Sanders gefunden wurde, ähnelt einem Saphir, übertrifft ihn aber noch an Leuchtkraft. Mit einer Härte von 6 kann der Benitoit als ausgesprochen brauchbarer Modestein empfohlen werden.

Rhodochrosit

Der kostbare Kristall für die Skorpione der zweiten Hälfte
startete seine Karriere kurz vor dem Zweiten Weltkrieg,
als eine vergessene Mine, in der die Mexikaner im
18. Jahrhundert Silber und Kupfer abgebaut hatten, wieder eröffnet wurde. Jetzt sind ›Inca Rose‹ und ›Rosinca‹
verständlicherweise populär, weil man dort das rosafarbene Entzücken findet, das Rhodochrosit genannt wird.
Dieser Stein enthält Kalzium, Magnesium und Eisen, entsteht unter sanften Bedingungen und ist hart genug, um als
Modeschmuck getragen zu werden und sich daran zu er-
freuen. Rhodochrosit paßt aufgrund seiner Härte, seiner
Färbung und seiner Bestandteile zu Pluto, Mars und
Mond.

In der südafrikanischen Wüste Kalahari bringt ein Ort
erstklassige Rhodochrosit-Kristalle in Edelsteinqualität
hervor, deren Farbe von einem klaren, hellen Sonnenun-
tergangs-Pink bis zu verschiedenen Schattierungen von
Rosa reicht, aber durch beigemengte Unreinheiten kann
der Rhodochrosit auch einen grünlichen Ton erhalten. Leider sind in der mexikanischen Mine keine Steine von Edelsteinqualität gefunden worden, aber sie versorgt die Welt
mit der ausgesprochen hübschen halb-edlen Art, die sich
durch spitzenartige, cremefarbene Bänder auf einem strahlenden, aber dennoch sanft rosa Hintergrund auszeichnet.
Dieser Halbedelstein wird nun auch in Nordamerika, Indien, Ungarn, Rumänien und Sachsen gefunden.

Ein weiterer kostbarer Kristall für Skorpione dieser
Hälfte ist der *Sri-Lanka-Alexandrit,* bei dem es sich eigent-

lich um einen Saphir handelt, der seine Farbe von Schiefer-blau-grün (im Tageslicht) zu Purpur (unter künstlichem Licht) verändert. Eisen und andere metallische Elemente, einschließlich Vanadium, gehören zu Mars und Mond, während die Farben zu Pluto gehören. Käufer sollten immer darauf bestehen, ein Zertifikat über die Echtheit dieses Steins zu erhalten, denn synthetische Steine sind ver-breitet.

Blue John

Von Nero wird behauptet, daß er umgerechnet auf moderne Zahlungsmittel 120000 Pfund Sterling für eine Vase aus diesem Material gezahlt habe; Plinius der Ältere sang sein Lob; bei den Ausgrabungen von Pompeji stieß man auf zwei Urnen aus Blue John, Beweis dafür, daß die Römer dieses Mineral vor 2000 Jahren nicht nur in ihrer fernen Provinz Britannien abbauten, sondern es auch schätzten. Heute werden Trinkbecher bei Harrods in London für bis zu 2500 Pfund Sterling verkauft, und die Königin selbst besitzt zumindest einen modernen Blue-John-Kelch. Blue John kommt nur an einem einzigen Ort vor – einem Hügel ungefähr eine Meile entfernt von Castelton in Derbyshire, England. Dieser Stein, der kostbarste Fluorit der Welt, unterscheidet sich von anderen durch seine wellenförmigen dunkelblauen und purpurroten Bänder auf weißem oder gelbweißem Hintergrund, die kreisförmige, spitzenartige Muster um einen zentralen Punkt bilden in Farben, die sowohl zum Pluto als auch zu seinem Mond, Charon, passen.

Fossilien von Meereslebewesen, die vor ungefähr 330 Millionen Jahren in unterirdischen Strömen schwammen, und mit grünem Öl gefüllte Taschen (von dem man annimmt, das es aus ozeanischer Vegetation entstanden ist) werden dort gefunden, wo sich Blue John entwickelt hat. Man verbindet sie mit dem Wasserplaneten Neptun, dem veränderlichen Planeten in diesem Bereich. Der verschlossene Charakter des himmlischen Herrschers der Skorpion-Geborenen und der prächtige Blue John laufen parallel, denn die Entstehung dieser hochgeschätzten ornamentalen Bänder dieses Steins war lange eine Quelle des Mysteriums: Konnte es Eisen sein, Asphalt, Bitumen oder ein radioaktives Strahlen? Niemand weiß es. Selbst der Ursprung des Namens dieses Talismans ist ein Geheimnis. Kam er aus Frankreich, wo aus diesem Material Meisterwerke gefertigt wurden? Die Franzosen könnten ihn bleu-jaune (blau-gelb) genannt haben. Oder tauften die britischen Arbeiter aus den Bleiminen das Mineral Blue John, um es von ihrem eigenen Arbeitsmaterial mit dem Spitznamen ›Black Jack‹ unterscheiden zu können?

In der Größe passend zum winzigen Pluto entsteht Blue John auf natürliche Weise in kleinen, runden Nieren und unter sanften Bedingungen. Es gibt aus diesem Material herrliche Sammlungen von erschwinglichen Schmuckstücken in Silber- und Goldfassungen, wie zum Beispiel Eier, Schüsseln, Urnen und Uhren.

Ein Abenteuer für Skorpione könnte auch die Fahrt über die beleuchtete halbe Meile des Kanals in Derbyshire sein, der in eine Reihe unterirdischer Kammern führt, die Kaskaden vielfarbiger Stalagmiten zieren, dort, wo unterirdische Adern ihres Steines so gesehen werden können, wie die Natur ihn hervorbringt.

Amethyst

Hervorgerufen durch die Auswirkung von Strahlungen auf Eisen entspricht die Farbe des Amethyst der Oberfläche des Pluto. Darüber hinaus ist er für gewöhnlich in den Überresten alter Lavablasen entstanden, mit einer äußeren Ummantelung aus einer ausgesprochen eisenreichen Substanz. Eisen ist das Metall, das die Erde des Mars rost-rosa färbt, und dieser Planet übt einen unterschwelligen Einfluß auf alle Skorpion-Geborene aus.

Obwohl die meisten Quarze, zu deren Familie der Amethyst gehört, dem Saturn zugeordnet werden, hat der Planet Pluto ein ebenso leichtes spezifisches Gewicht und ist weit genug von der Sonne entfernt, um das Vorhandensein von Wasser nicht zu leugnen. Gelegentlich sind im Amethyst Spuren von Eisen und goldenem Rutil (haarfeine fremde Kristalle) vorhanden, die einen zusätzlichen Zauber verleihen. Leider kommen nur wenige dieser Exemplare auf den Markt, doch wenn, dann handelt es sich um Sammlerstücke. Frühere Assoziationen dieses Steines schlossen Saturn (seine Tönung bringt ihn mit Bacchus in Zusammenhang), Neptun (die Römer schrieben ihn dem Monat Neptuns, dem Februar, zu), Stier (Venus), Jupiter und die Sonne mit ein. Amethystquarz wurde auch mit dem orientalischen Quarz verwechselt, bei dem es sich in Wirklichkeit um einen Saphir handelt.

In einer der Geschichten, die einen Zusammenhang zwischen dem Amethyst und Bacchus herstellt, heißt es, daß Bacchus ein unschuldiges Mädchen erschreckte, das sich aus Angst vor ihm in einen Bergkristall verwandelte. Der reuige Gott seufzte, und als sein weingetränkter Atem das unglückliche Mädchen traf, färbten sich seine Adern violett, nahmen also die Farbe der Trauben an. Von dieser Zeit an hatte der Stein Mitleid mit all jenen, die Wein im Übermaß genossen, und es hieß, er verhindere Trunkenheit. Deshalb tranken unsere Vorfahren aus Amethystkelchen in der Hoffnung, nüchtern zu bleiben und einen Kater zu vermeiden.

Zu Zeiten der alten Römer genoß der Amethyst besonders große Beliebtheit, als Gravuren modern wurden. Neue Werkzeuge wie Bohrer und Rädchen machten dies möglich. So kann man Marc Antons hübsche Züge noch heute bewundern, und wir können verstehen, warum er das Herz einer ägyptischen Königin gewann.

Stibnit (Grauspieß-, Antimonglanz)

Die Schattenwelt des Pluto zieht Stibnit an, ein sprödes bläulich-silbernes bis bleigraues Mineral von sehr großer Empfindlichkeit und einiger Verformbarkeit. Es ist gekennzeichnet durch gerade Strahlen oder flache Gerten, manchmal mit sich kreuzenden Linien, die für gewöhnlich in parallelen Gruppen angeordnet sind.

Stibnit tritt in kleinen Exemplaren auf, die zu dem kleinen Planeten Pluto passen. Er hat ein angenehmes Äußeres und gelegentlich eine irisierende Oberfläche. Wenn er erhitzt wird, zeigt er sein Unbehagen hohen Temperaturen gegenüber, indem er eine krümelige, weiße Inkrustation zurückläßt. Weiß ist die Farbe von Plutos Mond Charon, und die intensive Kälte dieses Planeten eignet sich für die Weichheit des Stibnit, der auf der Härteskala zwei von zehn Punkten erreicht. Der sanfte Mars, ein Nebeneinfluß für die Skorpione der ersten Hälfte, und Neptun, ihr veränderlicher Planet, beide weisen nur niedrige Temperaturen auf und führen ein ruhiges Leben. Mars ist ein Planet, dessen Boden reich an metallischen Elementen ist.

Der Name Stibnit leitet sich vom lateinischen stibium her, was Antimon bedeutet, Spießglanz – ein dünnes, weißes, sprödes Metall. Vor ungefähr fünftausend Jahren benutzte man es als Lidschatten – vielleicht der erste Luxusgebrauch eines Produktes der Erde.

Für diejenigen Skorpione, die mehr Glanz und Glitzer bei ihrem ›Kopfkissen-Kiesel‹ vorziehen, gibt es immer noch das Krokoit. Dieses Mineral weist leuchtende, klare, hyazinthenrote Kristalle auf, die für gewöhnlich auf einem braunen Elterngestein zu finden sind, das es diesem Stein, der so stolz auf seinen ›hochwohlgeborenen‹ Charakter ist, ermöglicht, sich in vollem Umfang zu präsentieren. Seine Farben korrespondieren mit Mars und Neptun (im Labortest werden die roten Kristalle grün) und mit Pluto (die sich im Labortest verdunkeln), ehe sie wieder ihre ursprüngliche, rote Brillanz annehmen. Krokoit findet sich in Tasmanien, Amerika, Brasilien, auf den Philippinen, in Ungarn, Rumänien und Sibirien. Es entsteht in der Oxydationszone von Bleivorkommen. Es gewann blitzartig an Wichtigkeit, als man herausfand, daß es Chrom enthält.

Okenit

Öffnen Sie Ihre Hand, und stellen Sie sich vor, daß auf der Handfläche eine kleine Höhle ruht. Schauen Sie in ihre Tiefen, und sehen Sie winzige, schimmernde Bergkristalle, die in unterschiedlichen Längen von der Decke hängen, während noch mehr am Boden verstreut sind. Die letzteren bemühen sich, noch ein wenig höher zu wachsen. Wahllos über diesen sternenübersäten Teppich gestreut, stellen Sie sich nun Kugeln aus blaßgrünen Mimosen vor (Flechtwerk aus Australien und Neuseeland), gehüllt in glitzernde Bergkristalle. Ihr Durcheinander läßt an die Nachwirkung eines Koboldkampfes denken. Stellen Sie sich weiter vor, daß diese grünen Kugeln rollen, wenn Sie die Hand bewegen und das Licht auf den Kristallen funkelt. Jeder Baum ist nichts weiter als eine Masse langer, glatter Haare, und die Pompom-Erscheinung wird von Haarkristallen verursacht, die von einem gemeinsamen Mittelpunkt ausgehen. Ihr geringes Gewicht preßt sie dennoch leicht abgeflacht an den Grund.

Was Sie sehen, ist Okenit, ein Kalziummineral mit hohem Wassergehalt und noch höherer Brüchigkeit – ein Stoß, und Okenit ist für immer zerstört! Seine Umrisse, die Weiße und enorme Größe dieses Steines im Vergleich zu seinen mineralischen Gefährten, entspricht Plutos Mond, denn dessen zarter Körper kann nur überleben, wenn er weit von der Hitze der Sonne entfernt bleibt.

Bei Neptun und Mars besteht eher eine Verbindung mit *Prehnit,* von hellgrüner ›Mimosen‹-Erscheinung, einem weiteren Kalziummineral, das sich von Okenit dadurch unterscheidet, daß es zusätzlich Aluminium, aber dafür weniger Wasser enthält. Hierbei handelt es sich um einen ätherischen Edelstein. Wenn er geschliffen und poliert ist, weist er häufig Perlglanz auf. Prehnit ist nicht leicht zu finden, aber es lohnt sich, danach in der Form von Perlen, Anhängern und Manschettenknöpfen zu suchen.

Quarz ist die fruchtbarste und wahrscheinlich auch die geschätzteste Kristallvarietät. Er entsteht unter fast idealen Bedingungen und paßt deshalb zu allen drei Welten. Die Skorpione der zweiten Hälfte können von außerordentlichem Glück sagen, diesen wunderbar nützlichen und attraktiven ›Kopfkissen-Kiesel‹ zu haben.

Erste Hälfte Schütze
(22. November – 5. Dezember):
Kostbarer Kristall

Turmalin

Es gibt nur einen einzigen Edelstein, der so ungestüm ist, daß er es mit der wilden Welt des Jupiter aufnehmen kann, und das ist der Turmalin. Die vielfarbige Varietät wird den in der ersten Hälfte Schütze Geborenen zugeordnet. Für gewöhnlich weist der Stein ein erdbeerfarbenes Herz auf, das von einem bläulich-grünen Band umgeben ist, oder aber ein grünblaues Inneres mit einer rosafarbenen Außenschicht. Das Rosa ist wichtig, da die Schütze-Geborenen der ersten Hälfte den rostroten Mars als ihren veränderlichen Planeten haben. Obwohl das Grün sowohl eine Parallele zu Mars als auch zu Jupiter darstellt, ist der Turmalin tatsächlich für all jene korrekt, die von diesem Planeten beherrscht werden.

Keine andere Edelsteingruppe weist einen solchen Farbenreichtum auf wie die Turmaline, denn die Zusammensetzung jedes Steines unterscheidet sich vom anderen, und jede Tönung hängt vom im Kristall vorherrschenden metallischen Element ab. Wie auch sein beherrschender Planet enthält der Turmalin häufig Aluminium, Bor, Magnesium, Eisen, Lithium, Kalium und Natrium in variierender Menge in einem Kristall. Das wird von dem englischen Kunstkritiker John Ruskin in seinem Buch *The Ethics of the Dust* (1866) amüsant erzählt: »Alles in allem erinnert seine Zusammensetzung mehr an die Rezeptur eines mittelalterlichen Doktors als an die Herstellung eines respektablen Minerals.«

Die einzigartige positive und negative Pyroelektrizität verlieh dem Turmalin seinen früheren Namen als ›Mineralien-Magnet‹. Auch Wärme aktiviert ihn, wie eine Gruppe holländischer Schulkinder 1703 herausfand, als sie in der Sonne mit etwas spielten, das sie für wertlose Steine hielten. Tatsächlich handelte es sich jedoch um farbige Turmaline, die Steinhändler den Kindern geschenkt hatten, und die jetzt trockene Zweige und Blätter anzogen. Die Erwachsenen übernahmen das Spiel, plazierten Turmaline in der Nähe des Feuers oder rieben sie mit den Händen, bis sie an einem Ende Asche anzogen, während sie diese am anderen Ende abstießen. Das verlieh dem Turmalin seinen Spitznamen ›Aschentrekker‹, was soviel heißt wie ›der die Asche anzieht‹. Wahrscheinlich leitet sich der Name Turmalin von dem Tamilen-Ausdruck ›Turamali‹ ab, was ›etwas Kleines aus der Erde‹ bedeutet.

Die meisten Turmaline sind klein, aber Ausnahmen hierzu sind der berühmte ›Brazilian Rocket‹, der 109 cm groß ist, und die Ansammlung verschiedener mannskopfgroßer Kristalle, die in Burma gefunden wurden. Jeder Kristall beginnt an der Basis des Steins als dunkler Schatten und wird nach oben hin immer leuchtender. Obwohl die Oberfläche größtenteils goldbraun ist, ist die Masse als Ganzes gesehen von einem blassen Violettrot. Der kostbare Kristall befindet sich heute im British Museum.

Der Sammler findet Turmaline vor allem in Australien, Amerika, Brasilien, Indien, Rußland und Simbabwe.

Ein zweiter kostbarer Kristall für diese Schütze-Geborenen ist der *Phosphophylith* aus Bolivien. Der zarte, türkisgetönte Schimmer dieses transparenten Steines, der geschliffen, poliert und bearbeitet werden kann, spiegelt das gleichmäßige Licht des Jupiter wider, so, wie es aus der Ferne gesehen wird. Einer seiner Hauptbestandteile, das Zink (die anderen sind Eisen und Mangan), entspricht der weißen südlichen Zone des Jupiter. Wegen seiner niedrigen Härte von 3,5 ist der Stein vielleicht am besten in einer kleinen Schachtel aufgehoben, statt als Schmuck getragen zu werden.

Zweite Hälfte Schütze
(6. Dezember – 20. Dezember):
Kostbarer Kristall

Turmalin

Er entspricht bereits dem Jupiter, bildet aber auch eine Parallele zur Sonne, dem veränderlichen Körper der in der zweiten Hälfte Schütze Geborenen, und zwar aufgrund des leichten spezifischen Gewichts und der erstaunlichen Energie.

Die schönsten, vorherrschendsten Farben in diesem mächtigen Kristall für die Schützen der zweiten Hälfte sind die gelbgrünen und blaugrünen Töne, aber da Turmaline in der einen oder anderen Farbe nur relativ selten vorkommen, werden auch zusätzliche Tönungen oder sogar ganz andere akzeptiert. Will man den Turmalin seinen himmlischen Gegenstücken zuordnen, so sind die Schlüsselfaktoren die Elemente, aus denen der Stein zusammengesetzt ist, seine Dichte und sein Energieausstoß.

Für Kenner ist die bezauberndste Eigenschaft des Turmalin seine schmetterlingsgleiche Persönlichkeit. Grün zeigt sich in allen Varianten, von Gelbgrün bis Blaugrün, Rot taucht in verschiedenen Rosatönen auf, Dunkelrot und Braun vermischen sich, und im durchsichtig-klaren Stein schimmern Rost- und Grüntöne aus seinem Innern hervor. Violett mischt sich mit Türkis; Gelb kann dunkel sein, hell oder sogar Orange. Geschliffener Turmalin weist kontrastierende Schattierungen auf gegenüberliegenden Seiten auf. Kurz gesagt, bei den meisten Turmalinen geben sich Regenbogen ein Stelldichein.

Der Turmalin sollte der ›Stein der Jugend‹ genannt werden, denn fast immer hat er durch Kinder Berühmtheit erlangt. So fanden zum Beispiel an einem Herbsttag im Jahre

1820 zwei Schuljungen aus Mount Mica in Maine, USA, eine blitzende Masse leuchtendgrüner Kristalle an den Wurzeln eines Baumes. Der Stein fand später bei Pariser Juwelieren Verwendung. Aber selbst heute noch gilt der Turmalin als zu ›neu‹, um in den besonders eleganten Geschäften im Fenster ausgestellt zu werden.

Im Laufe der Jahrhunderte wurde dieser Harlekin unter den Mineralien häufig mit anderen, kostbaren Kristallen verwechselt. So wurde ein ›Hühnerei-Turmalin‹ ursprünglich für einen bemerkenswert hellen Rubin gehalten, und noch heute beherbergt die Schatzkammer des Kreml einen solchen Stein. Er wurde einst dem deutschen Kaiser Rudolf II. (gest. 1612) von seiner Schwester geschenkt; von ihm ging er über an die Schwedische Krone; und von dort aus wurde er zum Eigentum Katharina der Großen, 1777.

Turmalin findet sich in vielen Ländern, aber ein Ort, an dem Sie selbst einen finden können, ist die Insel Elba, die einige der schönsten Steine der Welt hervorbringt.

Bernstein

Eines läßt sich über Bernstein sagen: Es ist unwahrscheinlich, daß er auf irgendeinem anderen Planeten als der Erde vorkommt. Denn bei dieser Substanz handelt es sich nicht um ein Mineral (obwohl es geschliffen und poliert werden kann), sondern um ein Fossil pflanzlichen Ursprungs. Bernstein entstand vor 25 bis 125 Millionen Jahren aus dem Harz von Nadelbäumen, vor allem Kiefern. Dieser Saft formte eine Krypta für alle Arten von prähistorischen Objekten, von Orchideen, Federn, Wassertropfen und Spinnennetzen bis hin zu Ameisen, Flöhen, Motten, bebrüteten Eiern und Eidechsen. Ein besonders bizarres Muster, das sich jetzt im Besitz eines amerikanischen Museums für Naturgeschichte befindet, ist ein Bernsteinklumpen, der drei Paare kopulierender Fliegen enthält – eine Art Pompeji ohne Menschen.

Bernstein besteht aus Kohlenstoff, Wasserstoff und Sauerstoff, ist alkohollöslich, wird leicht zerkratzt und lädt sich unter Reibung negativ auf. Daher sein ursprünglicher Name Elektron, das griechische Wort für ›elektrisch‹.

Bernstein aus Sizilien glüht häufig innerlich tiefgrün oder rotbraun. Der aus der Dominikanischen Republik ebenso, wenn auch nicht ganz so lebhaft, aber gelegentlich kommt auch ein leuchtendes Königsblau vor, das sich zeigt, wenn der Stein direkt ins Licht gehalten wird. Der weichere, opake, butter- und honigfarbene Bernstein kommt hauptsächlich aus dem Bereich der Ostsee.

Prähistorische Kulturen haben den Bernstein hoch geschätzt, zweifellos, weil er leicht zu bearbeiten und zu tragen war. Außerdem entsprach er ihnen, den Sonnenanbetern. Es wurden Versuche unternommen, ihn als ›Friedensstein‹ zu identifizieren, aber seltsamerweise war er gerade zu Zeiten politischer Unruhen immer besonders beliebt.

Aufgrund seines niedrigen Schmelzpunktes – einer der niedrigsten unter allen Edelsteinen – wird Bernstein mit dem Mars in Verbindung gebracht, dem veränderlichen Planeten in diesem Bereich des Tierkreises, der von einem ständigen Bodenfrost überzogen ist.

Der *Eilat* oder *Elath-Stein* ist ein weiterer Talisman für Schützen dieser Periode. In der Legende heißt es, daß er erstmals in König Salomons Kupferminen gefunden wurde. Er enthält gewiß viel von diesem Mineral. Auch *Türkis* findet man, den Talisman der anderen Hälfte der Schütze-Geborenen. Seine gewöhnliche Färbung ist ein tiefes Blaugrün, doch gibt es ihn auch in einem prachtvollen Rosa. Er kommt in der Nähe ein Eilat, am Golf von Aqaba am Roten Meer vor.

Türkis

Einst der gefragteste Stein der Antike, repräsentierte der Türkis für die Ägypter nicht nur die Schönheit, sondern auch den Duft. Denn dieser Edelstein wurde ursprünglich in Form der Blätter der süßduftenden Lotusblüte geschliffen. Die frühen Einwohner des Niltales beschäftigten sich besonders mit dem Gartenbau. In ihren täglichen Gebeten baten sie darum, aus dem ›Land der Toten‹ zurückkehren zu dürfen, um unter den blauen Lotusbäumen (lat. Name Zizyphus) zu sitzen, ihre Früchte zu essen und in ihrem süßen und schweren Duft zu baden. Gäste trugen Girlanden aus Lotosblumen, Fischer eine einzige Blüte, und Schüsseln mit Lotusblüten zierten die armseligsten Häuser und die größten Paläste, während einzelne Blütenblätter und Knospen als Ornamente und Skulpturen in die Gräber gelegt wurden.

Der Wunsch der Ägypter, allen schönen Dingen eine dauerhafte Form zu verleihen, führte dazu, daß sie mit ihren Nachbarn um Türkise handelten und die Kunst erlernten, Cloisonné-Schmuck herzustellen, wie er ursprünglich aus Ur kam. Das war eine anstrengende Arbeit! Zuerst mußten feine Lagen gehämmerten Goldes in die erforderliche Form gebracht werden. Dann wurden Drähte um das gewünschte Muster gelegt. Schließlich wurden die so entstandenen Höhlungen mit Türkisstreifen gefüllt, wobei die langen, geschwungenen Blätter des Lotus imitiert wurden. Das Vergißmeinnicht, eine andere, beliebte Blume, wurde auf dieselbe Art imitiert, wobei die übriggebliebenen Stücke des Türkis verwendet wurden.

Zu guter Letzt wurde die Oberfläche, wenn die Türkisstreifen alle eingesetzt waren, mit farbigem, pulverisiertem Kalkstein überpudert und mit einer Flamme erhitzt, bis das Gold und der Edelstein sich vermischt hatten. Schulterknöpfe, Anhänger, Kronen und viele andere Gegenstände schönster Cloisonné-Kunst haben in Ägypten bis zum heutigen Tag überlebt.

Der Türkis war auch der königliche Stein der Könige von Persien. Dort glaubte man, daß der Edelstein Pferde und ihre Reiter schützen könnte, und deshalb verarbeitete man ihn zu Gegenständen für beide. Dieser Talisman erreichte Europa über die Türkei, daher sein Name. Noch heute wird er als Schutz gegen den Bösen Blick eingesetzt, und wenn man von ihm träumt, soll das eine neue, langanhaltende Freundschaft ankündigen.

Die Indianer in Amerika glaubten, daß der Stein einen Mann kriegerisch machen würde, unerbittlich seinen Feinden gegenüber. So kam es, daß ein gut ausgestatteter, tapferer Krieger Mais, Bohnen, getrocknetes Fleisch, eine Bärenpfote – und einen Türkisklumpen bei sich hatte, wenn er in den Krieg zog.

Der Türkis enthält Wasser, Eisen, Kupfer und Aluminium, die richtige Kombination für Jupiter. Er weist eine mittlere Härte auf, ein leichtes spezifisches Gewicht und ist relativ resistent gegenüber einer starken Flamme (wenngleich die Hitze seine Farbe ins Bräunliche verfärbt) – eine Dauerhaftigkeit, die der Sonne entspricht, dem veränderlichen himmlischen Körper in diesem Bereich des Tierkreises.

Die hauptsächlich im Handel befindlichen Türkise stammen in erster Linie aus Nordamerika. Der Käufer tut gut daran, sich eine Garantieurkunde geben zu lassen, wenn er einen guten Türkis will; denn vielfach werden Steine minderer Qualität und von weicher Substanz angeboten, die mit Hilfe von Wachsimprägnation und Färbung gehärtet und verbessert worden sind.

Versteinerte Zähne und Knochen, durch Eisenkomponenten gefärbt, werden häufig geschnitten und geschliffen und gelangten als ›Bone Turquoise‹ auf den Markt. Natürlich müssen sie vom echten Stein unterschieden werden.

Ein weiterer Talisman für Menschen, deren Geburtstag in den Bereich des Jupiters fällt, ist der *Hauyn*. Dieser hübsche und ausgesprochen tragbare Stein ähnelt einem leicht opaken Aquamarin und findet sich tatsächlich rund um die Welt. Der Hauyn vom deutschen Rhein leuchtet unter ultraviolettem Licht orange und entspricht Jupiters Wolken und Io, seinem größten Mond. Der Hauyn ist nicht so bekannt, wie man meinen sollte. Seine durchsichtige Schönheit ist auf eine Mischung der Elemente Aluminium und Kalzium in seiner Zusammensetzung zurückzuführen, die ihn ebenso dem Jupiter zuordnen wie sein leichtes spezifisches Gewicht.

Erste Hälfte Schütze

(22. November – 5. Dezember):

›Kopfkissen-Kiesel‹

Aurichalcit (Messingblüte)

Ein Exemplar dieses Steins, der durch kleine Zusammen-
häufungen nadelförmiger Kristalle einem Nest ähnelt, gibt
einen hübschen ›Kopfkissen-Kiesel‹ für die Schützen der
ersten Hälfte, der zu ihrem beherrschenden Planeten paßt.
Wie Jupiter hat der Aurichalcit ein leichtes spezifisches Gewicht und spiegelt diesen Planeten auch in seiner Zusammensetzung aus Zink und Kupfer wider, ersteres weiß und
wankelmütig, letzteres geschmeidig, dauerhaft, rötlich.
Mit seinen zarten, durchsichtig blauen oder grünen Färbungen ist er ebenso verblüffend wie sein himmlischer
Herrscher, ob er nun einzeln entstanden ist oder zusammen mit anderen oder auf einem dunklen Elterngestein.

Ein zweiter ›Kopfkissen-Kiesel‹ für die in der ersten
Hälfte Schütze Geborenen ist der *Chrysokoll,* ein grünes
oder himmelblaues, opakes Mineral mit Emaille-Schim-
mer, das sich in Australien, Amerika, Bayern, Chile, im
Kongo, in England und Sibirien findet. Obwohl seine
Härte variiert, ist es doch ein ungewöhnliches und dauer-
haftes Schmuckmaterial, das seine beiden leuchtenden Farben, Grün und Blau, im selben Stück, ja sogar im kleinsten
Kügelchen zeigt. Einige wirklich prachtvolle Exemplare
enthalten außerdem noch Opal und Bergkristall; andere
scheinen überall türkisfarben; wieder andere, bedingt
durch Unreinheiten, können auch braune oder schwarze
Markierungen aufweisen. Chrysokoll ist im wesentlichen
ein Kupferelement, enthält aber auch unterschiedliche
Mengen von Kieselerde und weist Einschlüsse von metallischen und nichtmetallischen Elementen auf.

Bornit und Chalkopyrit

Sowohl Jupiters Wolken als auch Ios Vulkane werden mit diesen beiden Steinen geehrt. Die rot-bronzene Oberfläche des Bornit hinterläßt ein gelbes Schwefelhäufchen, wenn er im Laboratorium erhitzt wird. Es handelt sich um ein Kupfererz mit Spuren von Eisen. Chalkopyrit ist einfacher in seiner Erscheinung, mehr messingähnlich. Ob sie nun einzeln oder zu zweit auftreten, beide Steine bilden große, opake, pyramidenförmige Kristalle. Manchmal sieht man auch dreieckige Kristalle, und manchmal treten beide Steine in mikroskopisch kleinen Kristallen auf einem separaten, dunklen Felsen auf. Der Bornit hat den Spitznamen ›Peacock Ore‹ (Pfauenerz), aber keiner der beiden Steine wird normalerweise als Schmuckmaterial verwendet. Schätzen Sie beide in ihrem natürlichen Zustand! Die Sonne, die als veränderlicher Planet für die zweite Hälfte der Schützen gilt, ist ebenso erfreut darüber, mit diesen beiden prächtigen Steinen in Verbindung gebracht zu werden, wie es Jupiter und Io sind. Die Steine kommen aus allen Teilen der Welt, darunter vor allem aus Australien, Japan, Korea, Chile, Großbritannien, Deutschland und Norwegen.

Als Alternative können es die Schützen dieser Hälfte mit dem ›*Thunder Egg*‹ probieren. Der Ursprung dieser Steine ist für die Geologen noch immer ein Geheimnis, aber wahrscheinlich entstand er durch Vulkantätigkeit. Sie sind bei Sammlern sehr begehrt. Gute Steine weisen, wenn man sie durchschneidet, ein Sternenmuster mit vier bis fünf Strahlen auf, dessen Spitzen die Außenkanten berühren.

Die Mitte des Steines selbst kann ausgehöhlt sein, gefüllt mit klarem Bergkristall, opakem grauen oder rotbraunem Quarz, oder kostbarem Opal. In Amerika wurden einige prachtvolle Exemplare dieses Steines gefunden, der auch in großen Mengen in Australien vorkommt, vor allem in Queensland und Tasmanien. In den Mythen der Aborigines bedienten sich die Kriegsgötter solcher Steine als Waffen, eine Praxis, die nicht mehr empfohlen wird, so verlockend sie auch ist.

Topas

»Der Goldtopas erinnert uns an Herbstlaub, und so ist er der Geburtsstein für November.« Solche Bemerkungen haben das Studium der astrologischen Steine gehemmt und waren Ursache so mancher Verwirrung. Gerade diese Aussage wäre weniger lächerlich, wenn der Herbst in allen Ländern in dieselben Monate fallen würde oder wenn die Geburtssteine von einer Seite der Erde zur anderen wechseln würden. Aber das tun sie nicht! Ihr Stein ist derselbe, ob sie nun in Sydney oder in Timbuktu leben.

Die Menschen, die in der ersten Hälfte im Zeichen Steinbock geboren sind, haben den Topas in jeder Farbe zum kostbaren Kristall. Der farblose Brasilianische Topas mit dem Spitznamen ›Diamanten-Sklave‹ – weil die größeren Steine dieser Gattung häufig Diamanten ersetzen mußten – verfügt über einen feurigen Glanz, der für die gesamte Gattung typisch ist, selbst für die farbkräftigen Varietäten. Vielleicht war es diese Eigenschaft, die den jahrhundertealten Glauben bestärkte, daß die Frommen im Dunkel der Nacht in ihren Gebetbüchern beim strahlenden Licht des Topas lesen konnten, und vielleicht war dies auch der Grund dafür, daß die Kreuzritter von ihren Damen einen Topas erhielten, ehe sie aufbrachen.

Der Topas ist nahezu einzigartig, denn er gehört zu den wenigen erstklassigen Kristallen, die – neben Aluminium – Fluor enthalten. Dieses chemische Element, zusammen mit etwas Wasser und der folgenden schönen Spanne von Farbtönen wie Blau, Grün, Pink, Gelb, Braun und Weiß, korrespondiert mit dem Planeten Saturn; sein Härtegrad von Acht verleiht diesem Stein dieselbe Ziffer, die die Numerologie dem Saturn zuordnet.

Auch der Venus, dem veränderlichen Planeten in diesem Bereich des Tierkreises, mit ihrem schwefelhaltigen Regen in der Atmosphäre, ist der Topas gewachsen, denn er zerfällt nur in geringem Maße, wenn er mit Schwefelsäure verunreinigt wird.

Der Fabel nach wurde der Topas von schiffbrüchigen Matrosen entdeckt, die auf ihre Rettung warteten. Die Insel, auf der sie gestrandet waren, war schwer zu finden, denn sie war ständig von Nebel und Dunst umgeben. Die Matrosen nannten sowohl den Edelstein als auch die Insel ›Topazos‹, was soviel heißt wie ›verloren und gefunden‹.

Die Königskrone von Portugal ziert ein sehr großer Topas, der 1680 Karat wiegt. Er weist eine prachtvolle Transparenz auf.

Aber viele Steine werden fälschlicherweise als Topas verkauft, darunter auch der *Gelbe Zitrin,* der ›Kopfkissen-Kiesel‹ für die Steinböcke der ersten Hälfte. Die blaugrüne Varietät wird häufig mit dem Aquamarin verwechselt, die weiße mit Bergkristall, weißem Saphir und dem weißen Diamanten, denn der Topas kommt seltener vor als sie alle. Es ist nicht leicht, erstklassige Topase zu finden, ebensowenig wie große oder rosafarbene Exemplare. Die Steine, die heute als Rosa Topas verkauft werden, sind nichts weiter als gelbe Steine, die erhitzt worden sind.

Topas findet sich vor allem in Australien, Burma, Brasilien, Sri Lanka, Rußland, Mexiko, Nigeria und den USA.

Chondrolit, ein weiterer der seltenen, Fluor enthaltenden Edelsteine, ist ein zweiter kostbarer Kristall für die erste Gruppe Steinbock. Meistens sieht man in ihm nichts weiter als ein ungewöhnliches Mineral für eine Sammlung. Er verdient jedoch, daß man ihn häufiger benutzt, denn seine tiefroten Kristalle sind von großer Schönheit, und seine Härte von Sechs aus Zehn ermöglicht es, aus diesem Stein schönen Modeschmuck zu fertigen.

Tansanit

Der Tansanit, der 1967 in Tansania erstmals gefunden wurde, ist ein außergewöhnlicher, purpur-blauer Stein mit violettem Licht, das aus seinem Innern aufblitzt; er muß erst noch bekannt werden. Er gehört der Gruppe mit dem leichteren spezifischen Gewicht an, das mit dem Planeten Saturn in Zusammenhang gebracht wird, und erreicht kaum mehr als eine mittlere Härte. Der Tansanit enthält eine verhältnismäßig große Menge Wasser, und außerdem Kalzium und Aluminium. Die erstaunliche blaue Färbung wird auf eine Spur von Vanadium zurückgeführt, ein silber-weißes metallisches Element, das zur Herstellung von speziellem Stahl verwendet wird.

Manchmal wird dieser Stein erhitzt, um das Blau noch zu verstärken. Dieser Prozeß macht ihn zwar als kostbaren Kristall für die Steinböcke nicht ungeeignet, verringert aber seine natürliche Intensität, so hypnotisch der Effekt in anderer Beziehung auch sein mag.

Ein weiterer kostbarer Stein für die in der zweiten Hälfte Steinbock Geborenen ist der *Opal Pineapple*. Hierbei handelt es sich nicht um eine kristallisierte Frucht, sondern um ein mit Opal gefülltes Glauberit-Kristall, das vor etwa 70 Millionen Jahren angefangen hat, sich zu bilden. Die blitzenden, veränderlichen Farbmuster des Opals gehören zum Merkur, der schnellsten Welt in unserem Teil der Milchstraße und dem veränderlichen Planeten in diesem Bereich des Tierkreises. Das federleichte spezifische Gewicht dieses Opals entspricht dem leichtesten Planeten im Sonnensystem, der den hohen Wassergehalt des Opals in keiner Weise gefährdet, da der Saturn weit von der Sonne entfernt ist.

Für Steinböcke sind die Färbungen ihres Opals Pineapple wichtig, da der Körper ihres himmlischen Herrschers gelb ist, mit indigoblauen und violetten Schatten. Auch die anderen Farben sind wichtig, da die Ringe des Planeten vielfarbig sind. Die Hintergrundfarbe jedoch muß immer dunkel sein.

Von allen Opal Pineapple-Exemplaren, die gefunden werden, sind nur ungefähr zwei Prozent erstklassig. Eine wichtige Lektion fürs Leben läßt sich von den kostbaren Opalen lernen, denn ihre charakteristischen Farbtöne und Muster entstehen durch Strukturfehler und neu eingeschlagene Pfade.

Jett

Das in der englischen Sprache am häufigsten benutzte Wort für etwas, das rabenschwarz ist, heißt ›Jet‹. Tennyson beschrieb die Locken einer Maid als ›jetblack‹, und Shakespeare bezog sich auf ›Jet‹ als ein Juwel. Dieser leuchtende und samtige Edelstein paßt gut zu Steinbock-Geborenen der ersten Hälfte, denn seine Farben verschmelzen mit den tieferen Schatten, die man an ihrem himmlischen Herrscher, dem Saturn, sehen kann, und seine leichte Konstruktion und das geringe spezifische Gewicht sind ebenso passend. Wie auch der veränderliche Planet Venus benötigte Jett enormen Druck bei seiner Entstehung. Dieser Stein, ›der Achat der Alten‹, erhielt seinen Namen nach einem Fluß in Kleinasien, aber die Jett-Steine bester Qualität stammen aus Yorkshire in England.

Zu einer Periode, die grob geschätzt um 1800 v. Chr. lag, fertigten die Juweliere der Bronzezeit in Nordengland große Krägen mit Zick-Zack-Muster an, die aus bis zu fünfzig Jett-Kugeln pro Halsband bestanden. Diese Kragen wurden ihren Trägern häufig mit ins Grab gegeben. Die Stücke, die Jahrhunderte überdauert haben, schließen zwar eine Analyse der detaillierten Designs aus, doch ist es klar, daß die Muster von Hand gemeißelt wurden. Jedes Stück weist dreieckige Endstücke und Knebel auf, längliche ›Bohnen‹ mit zahlreichen Löchern. In späteren Zeiten trugen die Frommen Rosenkränze aus diesem Stein bei sich. Im siebzehnten Jahrhundert wurde der Jett als Erinnerungsstein begehrt, und im neunzehnten Jahrhundert, nach dem Tode von Königin Viktorias geliebtem Prinz Albert, wurde Jett am englischen Hof für volle fünfundzwanzig Jahre getragen.

Obwohl Jett ein wenig härter und schwerer ist als Bernstein, weisen die beiden Steine doch Ähnlichkeiten auf. Beide verströmen einen beißenden Geruch, wenn sie erhitzt werden, beide brechen, wenn man nicht vorsichtig damit umgeht, beide explodieren unter hoher Reibung oder wenn sie heftigen Temperaturschwankungen ausgesetzt werden, beide elektrisieren, wenn sie gerieben werden, und beide entspringen prähistorischen Bäumen, sind also keine richtigen Mineralien. Im Gegensatz zum Bernstein, der eigentlich ein Harz ist, ist Jett tatsächlich Treibholz, das unter großem Druck zusammengepreßt wurde, nachdem es in stehendem Wasser oder Sumpf einem chemischen Prozeß ausgesetzt war. Jett ist schwieriger zu bekommen als Bernstein, und es gibt auch weniger davon auf der Welt.

Der Schimmer des Jett wird durch Parfüm und Körperflüssigkeiten zerstört, läßt sich aber normalerweise zurückgewinnen, wenn man ihn mit einem weichen, mit Bienenwachs getränkten Tuch abreibt.

Die Steinbock-Geborenen dieser Periode haben noch einen anderen Talisman, den *Lazulith* – einen wunderbaren, ornamentalen Stein, dem man mehr Verbreitung wünscht. Der himmelblaue bis azurblaue Lazulith, der Elemente aus Eisen, Aluminium und Magnesium enthält, weist eine Härte von knapp unter Sechs auf und ist ein Hauptbestandteil des Lapislazuli, des Talismans der in der zweiten Hälfte Steinbock Geborenen. Wunderbare Exemplare des Lazulith werden in Amerika, Österreich, Brasilien und Schweden gefunden. Er entspricht dem Planeten Saturn in jeder Beziehung und ist aufgrund seiner metallischen Elemente ein Partner für die Venus.

Lapislazuli

In einem abgelegenen Gebiet, dort, wo einst Tausende lebten, und zwölf Meilen von den Ufern des Euphrat entfernt, entdeckten vor einem Jahrhundert aufgeregte Archäologen den König von Kish (machmal auch ›Me Silim‹ genannt), der eine Rüstung aus hauchdünnem Gold trug. Von seiner Schulter hing ein Blatt aus goldenem Filigran, so fein gearbeitet wie ein Spinnennetz, das einen zeremoniellen Dolch enthielt, dessen Schaft aus einem einzigen Stück Lapislazuli geschnitzt war. Ein weiteres Grab enthielt den Leichnam der Königin Pu-Abi, gehüllt in einen Umhang aus gewebten Goldfäden, geschmückt mit neun langen Lapislazuli-Ketten und einem eng anliegenden Halsband aus Karneol, Gold und Lapisperlen. Ihre zierliche Gestalt wirkte größer durch eine riesige, schwarze Perücke, die mit Goldfäden durchwirkt war und von drei offenen, leuchtenden, goldgelben Blüten gekrönt wurde, die an einem dreizackigen Kamm befestigt waren. Auf all diesem thronten Kränze aus Blattgold-Blättern, die mit Lapislazuli geschmückt waren. Ihre beiden gigantischen, doppelreifigen Ohrringe müssen gegen diesen Schmuck geklirrt sein, als sie zur letzten Ruhe gebettet wurde, umgeben von 63 im Ritual Getöteten. Auch sie trugen Lapislazuli-Perlen; außerdem befanden sich im Grab noch Eßgeschirr, Toilettenartikel und ein Talisman, der Kreaturen des Meeres und des Landes darstellte – alles aus Lapislazuli.

So kann man sagen, daß die in der zweiten Hälfte Steinbock Geborenen den meistgeliebten Stein seit mindestens 3500 v. Chr. erben. Die Armen jener Zeit, die sich diesen kostbaren Stein nicht leisten konnten, kamen zu dem Schluß, daß der Lapislazuli zu gottesfürchtigem Leben anregte, denn auch die Priester-Astronomen trugen ihn. Aber in Wirklichkeit stellte der tiefblaue Stein mit den silbernen und goldenen Flecken den Nachthimmel dar, die ferne Heimat der Götter Enlil und Anu, von denen man glaubte, daß sie im Sirius-System hausten, das den Äthiopiern als ›Das Lapislazuli-Haus‹ bekannt ist. Nicht viel später kamen die Bauern am Nil, die sich den Lapislazuli ebenso wenig leisten konnten, zu dem Schluß, daß er die schlechten Auswirkungen des Inzest verhinderte. Denn wie sonst, so müssen sie argumentiert haben, war es möglich, daß die inzestuösen Pharaonen, die diese Edelsteine als ständigen Schmuck trugen, nicht den Verstand verloren?

Trotz der leicht instabilen Zusammensetzung dieses Steins hat der Lapis immer etwa dasselbe spezifische Gewicht und verfügt über eine Härte von Sechs. Er wurde schon früh in der bergreichen Region des nordöstlichen Afghanistan gefunden, die Marco Polo 1271 besuchte, um ihn in seiner natürlichen Umgebung zu sehen. Noch heute findet sich in dieser Gegend eine gute Qualität. Der Iran, ehemals Persien, bringt die beste Qualität hervor, aber politische Gründe machen es unmöglich, ihn derzeit dort abzubauen. Er kommt außerdem in Chile, Rußland, Amerika, Kanada, Burma, Angola und Pakistan vor.

In Härte, Farbe und Zusammensetzung entspricht der Lapislazuli auf bewundernswerte Weise dem Saturn, dem beherrschenden Planeten und veränderlichen Körper des Steinbock, während seine metallischen Elemente ideal für die Venus sind.

Stichtit

Robert Sticht, ein Australier, entdeckte 1910 in Tasmanien den ›Kopfkissen-Kiesel‹ für die Steinbock-Geborenen der ersten Hälfte. Der veilchenblaue Stichtit ist opak, mit einem Wachsschimmer und manchmal dunklen, schiefergrünen Adern. Stichtit ist ein Mineral aus Magnesium und Chrom, das häufig Eisen enthält, und kann geschnitten und geschliffen werden. Obwohl er noch zu jung für eine romantische Vergangenheit ist, gibt es doch eine Vielzahl von Exemplaren, die inzwischen ihren Platz in den Sammlervitrinen gefunden haben. Kanada verbuchte 1918 den Fund eines Stichtits und in jüngster Zeit Südafrika und Algerien. Die Färbung, das spezifische Gewicht und der Wassergehalt des Stichtits bilden eine Parallele zur Welt des Saturn, und seine metallischen Elemente sind ideal für den veränderlichen Planeten im Bereich der ersten Hälfte Steinbock, die Venus.

Zugehörige der Quarz-Familie, bei denen sich die Heftigkeit der Venus, ganz Hitze und Druck und Veränderung, mit der Sanftheit des Saturn glücklich vereint, bilden eine Alternative als ›Kopfkissen-Kiesel‹ für Steinbock-Geborene der ersten Hälfte. *Brauner Quarz,* mit richtigem Namen *Morion* genannt, kann so hell wie ein Flüstern sein und so dunkel wie eine mondlose Nacht – beides im selben Stein eingefangen. Seine Transparenz, ganz gleich, welche Farbe er aufweist, bildet den Kontrast zu der Undurchsichtigkeit des Rauchquarz, einem ähnlichen Mineral, das einst ebenso extensiv in den Cairngormbergen des schottischen Hochlandes abgebaut wurde. So mancher

Hochländer trug einen ›Cairngorm‹ in seinem Kilt, und manch ein junges Mädchen aus dem Hochland verwahrte einen ähnlichen Stein in ihrer Schärpe. Jetzt geht der Vorrat in dieser Region allmählich zu Ende, und so sind Zitrin und Amethyst aus Brasilien in die Bresche gesprungen.

Der orangegoldene *Zitrin* verdankt seine Färbung sowohl einer Spur von Eisen in seiner Zusammensetzung, als auch dem Prozeß der natürlichen Erhitzung in der Erdkruste. Aber auch er wird jetzt selten, und seine Stellung auf dem Markt ist von dem gebrannten Amethyst eingenommen worden. Zum Glück für die Steinbock-Geborenen paßt das Erhitzen in ihr Horoskop, und so ist dieser orangegetönte Stein mehr als nur ein akzeptabler Partner. Die Herstellung eines Steines aus doppelter oder dreifacher Tönung, der aus einer Kombination von Zitrin und Amethyst besteht, oder aus Morion, Zitrin und Amethyst, ist eine neue, sich weiter entwickelnde Kunst, obwohl mehrfarbige Quarze gelegentlich auch in der Natur vorkommen.

Bergkristall

Der Bergkristall, die vollendete Form des Quarzes, wird mehr mit Zauberei in Verbindung gebracht als jeder andere Stein. Die alten Griechen glaubten, daß er eine Erfindung der Götter wäre, denn sie fanden ihn erstmals in einer Höhle in Thessalien, am Fuße des Olymp, dem legendären Eingang zum Himmel. Sie hielten ihn für Wasser, das die Unsterblichen eingefroren hatten, und nannten ihn ›Krystallos‹. Der erste Grundstein der Himmlischen Stadt war ein Jaspis, eine weitere Quarzvarietät; und natürlich sind Kristallkugeln durch Jahrhunderte hindurch von Wahrsagern und Propheten verwendet worden, von echten wie von falschen.

Bergkristalle können Größenunterschiede wie David und Goliath haben. Einige erreichen die Größe von kleinen Telegrafenmasten, andere bleiben so winzig wie ein Staubkorn. Ein Strand aus elfenbeinfarbenem Sand besteht zu neunundneunzig Prozent aus Bergkristall, und wäre nicht der Feuerstein, in dem ebenfalls Bergkristalle vorkommen, dann wäre der Mensch kaum zur beherrschenden Spezies auf Erden geworden. Der Bergkristall ist das fruchtbarste unserer Minerale und verfügt über eine einzigartige, atomare Struktur, die es ihm gestattet, in genauen Spiegelbildern zu wachsen. Er begann als Ablagerung aus mineralienreichem Wasser, das durch Spalten und Höhlungen in ausgekühlter Lava fließt, oder als Quarzbestandteil, die die oberste Schicht in den Adern vieler Minerale bilden. Seine blitzende Reinheit verleiht dort allen anderen ihren Glanz.

Für den schmuckliebenden oder sammelnden Steinbock ist das ›Venushaar‹ oder der ›Flèche d'Amour‹ (Der Liebespfeil) eine reizvolle zweite Wahl. Seine gekreuzten, goldenen Linien deuten die Energie an, die vom Saturn ausgestrahlt wird, während sein Licht an die Helligkeit des Planeten Merkur erinnert. Der richtige Name vom Venushaar ist *Rutil*. Es handelt sich hierbei um einen klaren Bergkristall mit feinen, haargleichen ›Nadeln‹ in goldenen oder rötlichen Tönen. Sie bestehen aus metallischem Titan, diesem feurigen Mineral, und erzeugen das Muster von innen. Deutschland ist wahrscheinlich die beste Quelle für diesen nicht so leicht zu findenden Stein.

Peridot

Haben Sie jemals von einem Stein mit Identitätsproblemen gehört? Nein? Dann müssen Sie den Peridot kennenlernen. Schon um 1500 v. Chr. war er sehr gefragt und wird in der Bibel, getarnt als Chrysolith, erwähnt. Zumindest glauben das viele Leute. Heute jedoch werden grüne Spinelle als Chrysolith verkauft, ein russischer Granat wird als Peridot gehandelt, und der Peridot selbst ist in einigen Ländern als Abendsmaragd bekannt. Ach ja, dieser Stein ist auch als ›Der Kristall der Schlangeninsel‹ bekannt, oder alternativ als Zeberget, aufgrund der Tatsache, daß die Insel Zeberget, auf der er gefunden wurde (das heutige St. John's im Roten Meer), früher von Schlangen verseucht war. Ist jetzt alles klar?

Doch die Wassermann-Geborenen der ersten Hälfte haben Glück mit ihrem kostbaren Kristall, der zur Gattung der Olivine gehört und eine ganze Reihe bezaubernder Grüntöne, vom blassen Gelbgrün über Flaschengrün bis zum dramatischen, dunklen Olivgrün, aufweist. Dieser letztgenannte Ton ist der unter Sammlern begehrteste und auch der geeignetste für die unter diesem Zeichen Geborenen. Bei diesem Typus funkeln gelbe Lichter aus den Tiefen. Er ist vollständig transparent, wenn auch mit einer leicht öligen Oberfläche.

Sein leichtes spezifisches Gewicht und der Mangel an Dichte passen zum Uranus, dem herrschenden Planeten, ebenso wie die Tatsache, daß er nur bei hohen Temperaturen schmilzt. Die Bestandteile Eisen und Magnesium harmonieren mit dem Merkur.

Die Pharaonen hielten den Peridot für das Eigentum ihrer Götter und erschlugen die Sklaven, die diese Steine auf Zeberget bewachten, nach Erfüllung ihrer Pflicht. Zu Zeiten der Christen plünderten die Kreuzritter diese Steine, vermachten sie den Kirchen, die noch heute einen großen Schatz besitzen. Australien, Burma, Brasilien, Hawaii, Mexiko, Norwegen, Südafrika und St. John's sind die hauptsächlichen Fundorte.

Ein weiterer kostbarer Kristall für die Wassermann-Geborenen der ersten Hälfte ist der *Brasilianit* (aus Brasilien und den USA), ein hellgelber bis gelblichgrüner Stein, der 1944 entdeckt wurde. In seine Zusammensetzung mischt sich auch Aluminium, er ist sehr leicht und tritt in ziemlich großen Kristallen auf, entsprechend seiner himmlischen Herrscher. Seine Farbe und Härte (5 von 10 auf der Skala) machen ihn zu einem guten Partner für den Merkur.

Diopsid

Ungefähr vor siebentausend Jahren wurde eine Mine im Distrikt Badakshan, im gebirgigen Nordosten von Afghanistan, bearbeitet. Der Schatz dieser Mine war ein schöner Fels mit Farbtönen von Grünlichblau bis Purpurblau, den man Lapislazuli nannte, aber das Kristall Diopsid, ein Bestandteil des Lapis, blieb weit länger verborgen. Dieser Stein, der in dem feinen Material aus den Diamantenminen von Sibirien und Burma rein und allein vorkommt, machte erst wirklichen Eindruck auf die Welt, als absolut spitzenmäßige Exemplare in Verbindung mit Rubinen im Hunza-Tal von Pakistan auftauchten.

Der Diopsid entsteht ohne großen Druck und unter nicht sonderlich erhöhten Temperaturen, Umstände, die es ermöglichen, daß ein makelloser Schmuckstein aus dem kondensierten Dampf wiedererhitzter Flüssigkeiten erwächst. Doch wie es dem Charakter des Wassermannes entspricht, wartete das Mineral auf den bestgeeigneten Augenblick. Dann, 1964, materialisierte sich der prächtigste aller Diopside, zeigte einen vierstrahligen Stern mit zwei scharfen und zwei sanften Linien, der über einem fast opaken schwarz-grünen bis braun-schwarzen Körper hing. Der Stern-Diopsid, möglicherweise der einzige erstklassige magnetische Schmuckstein, enthält nadelähnliche Kristalle aus einem besonderen Eisenmineral, das ihn um Bruchteile schwerer und härter macht als den reinen Diopsid. Erstaunlicherweise ist der Sterndiopsid auf den Markt gelangt, ohne seinen Fundort zu verraten, den erfahrene Edelsteinkundler mit größter Wahrscheinlichkeit im südlichen Indien vermuten. In Italien findet sich ein schlichter, grüner Kristall-Diopsid, ebenso auch in Österreich, Sri Lanka und Brasilien. Die gelblich-braunen stammen aus Kanada, die hellgrünen aus Amerika und Rußland. Violette Diopside kommen aus Piemont in Italien und werden oft Violane genannt.

Das leichte spezifische Gewicht des Diopsid paßt sowohl zum Uranus als auch zum Saturn, wobei die Festigkeit entsprechend zum vorhandenen Eisen leicht wechselt. Mit seinen Bestandteilen an Magnesium, Kalzium und manchmal Chrom paßt er auch gut zu dem Planeten Venus, der reich an Metallen ist.

Die Wassermann-Geborenen der zweiten Gruppe haben noch einen weiteren kostbaren Kristall in Schmucksteinqualität, den *Tugtupite,* der seinen Namen von ›tugtup‹ herleitet, dem ›Rentier‹. Dieser rosafarbene Stein wurde erstmals 1960 erwähnt, nachdem er in einem halbedlen Gestein gefunden wurde. In Grönland wurde er in großem Ausmaß verwandt, um Dinge damit zu schmücken. Der ›Rentier-Stein‹ ist so hart, daß er gut als Modeschmuck verarbeitet werden kann. Er findet sich hauptsächlich in der UdSSR.

Aventurin

Der in Rußland vor allem für den Zarenhof tätige Handwerker und Künstler Carl Fabergé widmete dem prachtvollen Aventurin viele Stunden seiner Geschicklichkeit. Auch in der englischen königlichen Sammlung findet sich so mancher Schatz – darunter eine Schüssel mit silberner Einfassung, ein Trinkkelch mit Rotgold und Mondstein verziert, ein Kästchen mit einer Kombination aus Rosendiamanten (geschnitten), Olivinen und Gold, ein Sperling mit Rosendiamantaugen (geschnitten) und ein hübsches Hausschwein mit Rubinaugen – alle aus verschiedenen Schattierungen dieses Steins geschnitten. Aventurin wurde auch von den Künstlern in China favorisiert, vom Altertum bis heute.

Der grüne, rosa und sonnenfarbige Aventurin ist ein einzigartiges Mitglied der Quarzfamilie, und er verdankt sein goldgetupftes Aussehen den federleichten Flocken von Glimmer in seinem Körper. Glimmer, mit der glänzenden Oberfläche und den hitzebeständigen Eigenschaften, paßt ausgezeichnet sowohl für Merkur als auch für Saturn, während sein spezifisches Gewicht und die bemerkenswerte Komplexität der Zusammensetzung ihn zu einer Parallele für den Uranus machen.

Ein zweiter Talisman für die Wassermann-Geborenen der ersten Hälfte ist der *Onyx,* eine leichte Quarzvarietät mit schwarzen, weißen und blau-grauen Bändern, die zu den schwarzen Ringen des Uranus ebenso passen wie zu den helleren Bändern des Saturn. Bei einem solchen Talisman befinden sich die Wassermann-Geborenen in guter

Gesellschaft, denn dies war auch das Material, das die Handwerker des alten Rom hernahmen, wenn sie ihre Geschicklichkeit im Umgang mit Bohrer und Schleifrad zeigen wollten. Unter Ausnutzung der Schichten des Onyx schnitten sie dreidimensionale Kameen aus diesem Stein, beispielsweise den ›Sieg‹, den sie für gewöhnlich als geflügelte Maid mit fliegendem Haar darstellten, die in einer von einem Pferd gezogenen Kutsche saß. Die Mähnen der donnernden Pferde, die Wagenräder und die Locken und Tressen des Mädchens wurden in Onyx aus unterschiedlicher Farbe geschnitten. Wie durch ein Wunder wurde die melodramatische Szene so in den Basiselementen des Sonnensystems eingefangen.

Zweite Hälfte Wassermann

(4. Februar – 18. Februar):

Talisman

Jade

Manche Indianer glaubten einst, daß zwei gute Sklaven einen Beilkopf aus reiner Jade wert seien, der aufgrund seiner Härte und seines Glanzes geschätzt wurde. Noch früher, in einem Land, das heute als Sinkiang (VR China) bekannt ist, verkürzten die Bauern ihr trauriges Dasein, indem sie bei Tage die Öfen schürten und sie des Nachts ausmachten, um große Brocken aus Jade und Jadeit zu knacken. Diese wurden dann mit Kamelkarawanen an ihren Bestimmungsort gebracht. Dort wurden sie für den Gebrauch durch den Kaiser zurechtgeschnitzt, der Sandalen und im Tode sogar eine ganze Garderobe aus Jade trug. 1983 stieß eine chinesische Archäologengruppe auf Beweise, daß der chinesische Kaiser Wen Di, Herrscher über die Region, die heute als Kanton bekannt ist, sich im zweiten Jahrhundert v. Chr. in einen Anzug aus Jade kleidete. Dreißig Jadescheiben, eine jede mehr als zwölf Zoll im Durchmesser, waren unter und über dem Körper plaziert worden, und das Grab selbst enthielt mehr als eintausend Gegenstände aus Jade, darunter eine hornförmige Tasse und dreiundvierzig rituelle Schwerter, die mit geschnitzten Drachen und Tigerdarstellungen geziert waren.

Heute haben die Nachfahren jener armen Sklaven kleine Jade-Schnitzereien auf ihren eigenen Kaminsimsen stehen, und die meisten von ihnen tragen Jade-Anhänger. Aber die Steinbrüche von Sinkiang in Burma sind erschöpft (nur Jadeit gibt es noch), und sechzig bis siebzig Prozent der Jade kommt heute aus den Bergen von Nord-West British Columbia, wo gutbezahlte Mannschaften sie mit Dynamit absprengen und die Steine mit dieselbetriebenen Diamant-sägen zerteilen. Motorfahrzeuge transportieren die Jade dann nach Vancouver, und von dort aus wird sie für gewöhnlich nach China verschifft, wo sie geschnitzt und als ›Chinesische Jade‹ verkauft wird. Diese Jade aus British Columbia steht im Ruf, die beste der Welt zu sein. Sie ist hart, durchsichtig, kühl, angenehm sanft in der Berührung und schön für das Auge. Sie tritt in Grünschattierungen von Mittelgrün bis fast Schwarz auf. Leider nehmen die Vorräte ab — man schätzt, daß sie nur noch fünfundzwanzig bis dreißig Jahre überdauern, wenn die Nachfrage konstant bleibt.

Jade gehört zur Gattung der Nephrite. Ihre Kristallstruktur und ihr leichtes Eigengewicht bringen sie in Verbindung mit Uranus, Saturn und Venus.

Jade-Schnitzereien wurden den politischen Führern des Westens anläßlich des Wirtschaftsgipfels als Zeichen der Einheit übergeben. Es gab einen Adler für US-Präsident Reagan, einen Bären für Deutschlands Kanzler Helmut Schmidt und eine kanadische Gans für Großbritanniens Premierministerin Margaret Thatcher. Davis Wong war der verantwortliche Künstler.

Ein zweiter Talisman für die Wassermann-Geborenen der zweiten Hälfte ist der *Kassiterit* in Schmucksteinqualität. Er bildet eine geeignete Parallele zum schwergewichtigen Planeten Merkur aufgrund seiner überaus hohen Dichte, der starken Lichtabsorbens und den Flecken in Gelb, Braungelb und Graubraun, während Saturn auf die Farben anspricht, die die Grundschattierungen des Körpers ohne seine Schatten sind. Härtegrad und Wassergehalt passen ebenfalls zum Saturn und noch mehr zum Uranus, dem herrschenden Planeten in diesem Bereich des Tierkreises.

Findet sich der Kassiterit nicht in seiner perfekten Kristallform, so handelt es sich bei der einfacheren Qualität um Zinnerz, das hauptsächlich in Bolivien, China, Indonesien, Malaysia und Rußland gefunden wird.

Wulfenit (Gelbbleierz)

In diesem Bereich des Tierkreises sind Uranus und Saturn die einflußreichsten Planeten. Gold, Rot und Grün sind die vorherrschenden Schattierungen auf diesen galaktischen Himmelskörpern, und Wulfenit mit seinen prächtigen Tönen, dem ungewöhnlich niedrigen Härtegrad, den Farbveränderungen im Labortest und dem Metallertrag unter Erhitzung paßt perfekt zu ihnen.

Das gewonnene Metall ist Blei (eine Merkur-Parallele), aber manchmal läßt sich die Natur dazu herab, es durch andere Produkte zu ersetzen. Eine silbrig-weiße, metallische Substanz, Molybdän, bleibt aber immer zurück. Dieses wird mit Stahl legiert, um Werkzeuge herzustellen, die wiederum selbst zu den Planeten Merkur und Saturn passen (Merkur aufgrund seiner Flinkheit, Härte und metallischen Elemente, Saturn wegen seines Ringsystems). Die Korrespondenz mit Uranus entsteht durch den Labortest, wenn das Wulfenit Farbtöne wie Schwarz, Flecken von Grün und Schwarz, Gelbgrün und Dunkelgrün durchläuft, einfach alle Schattierungen des Uranus.

Das Wulfenit ist nach Pater F. Wulfen benannt, dem Mineralogen, der es entdeckte und 1875 beschrieb, wobei er farbige Abbildungen des Kristalls mitlieferte. Seither sind noch prächtigere Muster von transparentem Rot, Gold und Orange in Amerika gefunden worden, während andernorts olivgrüne und Honigtöne auftauchten. Charakteristisch ist, daß die Wulfenit-Kristalle nur selten konzentriert sind und in ihrer Dichte zu ihren himmlischen Herrschern passen.

Charoit

Für das Auge handelt es sich um die Version eines Steines, der wie purpurfarbener Lapislazuli aussieht. Jemand, der unter einem anderen Zeichen geboren ist, wünscht sich bei diesem Anblick, ein Wassermann-Geborener der zweiten Hälfte zu sein, um Anspruch auf diesen ›Kopfkissen-Kiesel‹ zu haben. Charoit tritt nicht in leuchtenden Kristallen auf. Es handelt sich vielmehr um opakes, lilagebändertes Mineral, das Kalzium und Kalium enthält; es gibt hier nicht viel an Schwermetall-Elementen, wodurch die Verbindung zu Uranus und Saturn hergestellt ist. Um eine Parallele zur Venus zu bilden, umfaßt der Charoit einige metallische Elemente; seine Zellstruktur ist häufig verschmolzen. Ein winziges Mysterium an diesem wundervollen Mineral ist: Wie konnte es sich bis in die späten 70er Jahre unseres Jahrhunderts an den Ufern des Charo-Flusses in Vatutsk, UdSSR, verbergen?

Der Charoit ist ein teurer Stein und wird nicht leicht gewonnen. In unbehandeltem Zustand ist er noch schwerer zu kaufen als in Form von Eiern oder gelegentlich auch einem Schmuckstück. Die Zeit dieses Monarchen des Mineralienreiches muß erst noch kommen.

Als zweiten ›Kopfkissen-Kiesel‹ für Wassermänner der zweiten Hälfte sollten Sie es mit einer modernen Skulptur aus *Torbernit-Kristallen* versuchen, aus der Grafschaft Cornwall in England. Torbernit, durchsichtig bis durchscheinend und smaragdgrün bis gelbgrün, schimmert in dünnen, spröden Platten aus opakem Gestein. Es wird mit Uran in Verbindung gebracht und ist radioaktiv.

Erste Hälfte Fische
(19. Februar – 4. März):
Kostbarer Kristall

Diamant, Aquamarin

Diejenigen, die von dem Zeichen Fisch beherrscht werden, befinden sich in einer speziellen Situation. Drei Monde beeinflussen sie: Triton (der Mond des Neptun); Io (der Mond des Jupiter); und der Mond unserer Erde. Alle sind starke Charaktere und erfordern möglicherweise die Dienste nicht nur eines einzigen, sondern zweier Edelsteine. Der *grünblaue Diamant* ist ein Muß für den Neptun, einen Planeten, der, wie bereits erwähnt, reich an Diamanten ist, umgeben von einer Schicht aus Wasser und Gasen, welche von weitem gesehen den bekannten blassen, grünblauen Schimmer übermitteln. Auch Triton bringt diesen reizvollen Ton hervor und hat wahrscheinlich eine ebensolche Fülle an Diamanten aufzuweisen, aufgrund der Tatsache, daß die entweichende innere Hitze dazu geführt haben könnte, daß sich Methangas in Kohle verwandelt.

Der *Aquamarin* stimmt mit allen drei Monden überein und auch mit dem Planeten Jupiter selbst, dank seiner Zusammensetzung aus Aluminium, Lithium, Silicium, Wasser, Soda und Beryllium. Triton, mit seiner mondartigen Kruste und Dichte, seiner erdähnlichen Atmosphäre und seinen klaren, neptungleichen Tiefen, verlangt besonders nach diesem Stein. Die in der ersten Hälfte Fische Geborenen können sich also glücklich schätzen, zwei so wunderschöne Steine zu besitzen.

Der Aquamarin zeigt auf der Skala die Härte 7 (gleich über der dem Neptun zugeordneten Ziffer) und tritt häufig in riesigen Kristallen auf, die der Größe seiner beiden planetarischen Monarchen entsprechen. Die Seher früherer

Zeiten erforschten seine lichten Tiefen. Das einfache Volk glaubte, diese Steine wären aus den festgewordenen Tränen von Meerjungfrauen oder Sirenen entstanden, die sie in Kämmerchen in den Tiefen des Ozeans aufbewahrten. Im England der Renaissance ließ keine Dame, die in einen Matrosen verliebt war, diesen ohne sein blaues Amulett ziehen. Heutzutage findet man den Aquamarin hauptsächlich in Amerika, Brasilien, Indien, Burma, Madagaskar, Tansania, Zimbabwe, Norwegen, Rußland und Irland.

Kunzit

Der rosa-violette bis dunkelviolette Kunzit, der um 1900 in Amerika entdeckt und nach dem bekannten Mineralogen Dr. G. F. Kunze benannt wurde, löst aufgrund seiner makellosen Transparenz und des auffallenden Glanzes Bewunderung aus. Er ist überaus empfindlich und auf einzigartige Weise phosphoreszierend. Setzt man ihn Röntgenstrahlen aus, glüht er in kräftigem Gelbrot oder Orange, was zu der Wolkentönung und dem Hauptmond der Fische (Jupiter) paßt. Dann wandelt er sich zu Blaugrün, der Farbe, die sowohl mit Jupiter als auch mit Neptun in Verbindung gebracht wird. Wird er erneut erhitzt, kehrt der Zauberer, der sich in den Tiefen dieses reizvollen Steines verbirgt, zu seiner ursprünglichen Farbe zurück, die den geröteten Bereichen des Jupiter und Plutos helleren Regionen entspricht.

Der Kunzit weist noch weitere Loyalität seinen himmlischen Herrschern gegenüber auf, denn wenn man ihn aus einem seitlichen Winkel betrachtet, zeigt sich deutliches blaugrünes Flimmern. Für Neptun und Pluto enthält er einen Hauch Wasser; und wie diese beiden, und auch Jupiter, enthält er das rare, sanfte und silbrige Element Lithium, ebenso das häufigste Mineral der Erde, das rostfreie Aluminium.

Kunzit verfügt über eine Härte von 7 (entspricht auch der Nummer des Neptun) und ein spezifisches Gewicht von ungefähr 3 (Jupiters Nummer). Es imitiert seine mächtigen Herrscher, indem es Kristalle von enormen Dimensionen hervorbringt; von einem wird berichtet, daß es die

Maße 1280 cm × 183 cm × 61 cm erreicht und rund 65 t wiegt.

Wo immer der erstaunliche Kunzit vorkommt, stößt man auch auf einen weiteren kostbaren Kristall der Fische, den *Hiddenit*. Er wurde nach A. E. Hidden benannt, dem Vorsteher der Mine, in der er 1879 entdeckt wurde. Der Stein entspricht im allgemeinen dem Kunzit, verfügt nur darüber hinaus über eine Spur von Chrom, wächst in kleineren Kristallen und fluoresziert in geringerem Maße. Er wird häufig der ›Lithia Smaragd‹ genannt.

Der transparente *Euklas* ist ein weiterer Stein, der den Fischen in dieser Gruppierung zur Wahl steht. Es handelt sich hierbei um einen seltenen Kristall von zarter Erscheinung, der farblos oder in sanften, grünlichen Blautönen auftritt. Dieser strahlende Edelstein wird nur selten gefunden und noch seltener zu Schmuck verarbeitet, da seine Struktur dies nicht zuläßt, aber er verfügt über den bezaubernden Charme des Aquamarin. Euklas enthält Aluminium und das seltene Metallelement Beryllium. In Übereinstimmung mit seinen himmlischen Herrschern – und wie auch Kunzit und Hiddenit – hat er Neptuns 7 für die Härte, ein spezifisches Gewicht von knapp mehr als Jupiters Nummer 3 und einen Anteil Wasser. Er findet sich in Österreich, Bayern, Brasilien, Indien, Rußland, Tansania und Zaire.

Smithsonit

Dieser Stein wirkt wie die sanfte Ruhe des Mondes, des veränderlichen himmlischen Körpers in diesem Bereich des Tierkreises. Er enthält Kalzium und Magnesium, beide silbrig-weiß: Kadmium, das bläulich-weiß ist und so weich, daß man es mit dem Messer schneiden kann; Kobalt, Kupfer und manchmal ein wenig Eisen – alles Elemente, die mit dem Herrscher der Fische, Neptun, ebenso harmonisieren wie mit dem Jupiter und dem Mond. Bedeutsam ist auch, daß es sich um ein wichtiges Zinkerz handelt, zweifellos das Metall der Künstler, und aus diesem Grunde gerade recht für dieses Sonnenzeichen.

Smithsonit, mit dem Spitznamen ›Dry-Bone‹ (Trockenknochen), wird auch unter der Bezeichnung *Bonamit* gehandelt und ist vergleichsweise neu auf dem Markt. Er findet sich in Amerika, England, Ost- und Südwestafrika, Griechenland, Neumexiko, Sardinien und Spanien. Der Smithsonit ist das richtige für diejenigen, die Chic der Übertreibung vorziehen. Seine sanften Farbtöne reichen von Grau-blau bis Mittelgrün und hin zu einem sanften Gelb, alles Farben, die mit Neptun, Jupiter und dem Mond übereinstimmen.

Ein besonders schöner zweiter Talisman für die Fische-Geborenen der ersten Hälfte ist der *Satinspat,* ein durchscheinendes bis opakes Mineral, das an milchfarbene Rohseide erinnert. Dieser Stein, der von der Farbe her der südlichen Zone des Jupiter entspricht, zu allen – bis auf einen – der dreizehn Monde des Neptun und tatsächlich auch zu unserem eigenen Mond paßt, gehört zur Gruppe der

Gipse, einer Gruppe von Steinen, die häufig durch eine chemische Aktion zwischen Muscheln und Schwefelsäure entstehen, die durch den Verfall anderer Mineralien freigesetzt werden (für gewöhnlich solcher Mineralien, die Eisen enthalten). Aus dem gleichen Grunde gibt es auch Parallelen zwischen dem Satinspat und Elementen, die auf dem Triton vorkommen sollen. Sie kommen dort vor, wo vulkanische Dämpfe auf Kalkstein reagiert haben, oder aber in den Becken ausgetrockneter Seen, Flüsse oder anderer Wasserstellen. Hier bilden sie dann Parallelen zu unserem Mond, der veränderlichen Masse für diesen Bereich des Tierkreises. Dieser perlweiße Edelstein, der sich aus langen, haarfeinen Kristallen zusammensetzt, die fest aneinander haften, enthält Wasser und Kalzium, zwei weitere Gründe dafür, daß er sich mit den kühleren, äußeren Planeten wohler fühlt und sich ganz und gar nicht zu einer explosiven Korrespondenz mit der Sonne eignet.

Chrysopras

Dieses altertümliche ›Symbol der Vergeltung‹ (sei es für gute oder schlechte Taten) wurde in Japan in den Gräbern aus der Vor-Eisenzeit gefunden wie auch an der Seite der löwenköpfigen Katzengöttin Bastet im alten Ägypten. Römische Diebe trugen ihn, um unsichtbar zu werden; Alexander der Große trug ihn an seinem Gürtel und jüdische Hohepriester auf ihren Brustplatten. Außerdem wurde er zu einem der zwölf kostbaren Edelsteine der Heiligen Stadt erklärt. Obwohl nicht sicher ist, wo unsere Ahnen diese makellose Schönheit abbauten, ist doch bekannt, daß die Römer den Chrysopras Phrase nannten, was soviel heißt wie Lauchgrün, und daß sich der griechische Name Chrysos prasious mit ›goldener Lauch‹ übersetzen läßt. Seine verblüffend vollen Farben ließen ihn auch im England der frühen Viktorianischen Periode ausgesprochen beliebt werden – bis das Jett-Schwarz der Trauer anläßlich des vorzeitigen Todes von Prinz Albert alle anderen Farben verdrängte.

In den fröhlichen Farben Apfelgrün bis Limonengrün kommt der Chrysopras in der Stadt Marlborough Creek in Queensland, Australien, vor. Eine fast ebenso gute Qualität kommt aus Kalifornien, Brasilien, Rußland und Tansania, wo er auch ziemlich häufig gefunden wird. Seine Farbe verdankt er der Nickelbeimengung. Er gehört der Chalcedon-Familie an, einer Quarzvarietät, die sich aus mikroskopisch kleinen Kristallen bildet. Der Talisman der Fische-Geborenen paßt aufgrund seines spezifischen Gewichtes und seiner Basisfarbe zu Neptun und Jupiter.

Pluto, der veränderliche Planet in diesem Bereich, ist mit seiner Zusammensetzung ebenfalls zufrieden.

Ein weiterer Talisman für Fische-Geborene der zweiten Hälfte ist der *Blaue Achat,* ein weicher, himmelblauer, opaker Edelstein. Er kommt als weniger kostbarer Schmuck, Aschenbecher, Eier und Solitaire-Sets auf den Markt. Seine Unschuld zeigt er in durchscheinenden, weißen Spitzenmustern, und alles in allem ist er eine Wonne.

Opalisiertes Fossil

Ein opalisiertes Fossil ist eine Hülle, die von einem Objekt zurückgelassen wurde, das sich zersetzt hat, und die sich dann teilweise mit Quarzkristallen füllte, bevor sie später durch Opal noch zusätzlichen Glanz erhielt. Es findet sich in den heißen Wüstenbereichen Australiens – einst einem Netzwerk aus kleinen Bächen, in denen Wasserkreaturen wie unsere Muscheln und Austern schwammen. Als das Wasser zurückging, gruben sich die gefangenen Geschöpfe in den Schlamm ein. Ihre Überreste wurden im Laufe der Zeit zu unzähligen leeren Kammern, die überall im trockenen Land verstreut waren. Einige wenige enthielten kostbare Opale, aber die meisten waren nichts weiter als Hüllen in der Form der Fossilien, mit einer dünnen Außenschicht aus Opal, während das Innere angefüllt war mit opakem, grauweißem Gestein. Die opalisierten Fossilien stammen von der Schulpe (inneren Schale) eines Kuttelfisches (Sepia officinalis) oder von Seeschnecken (Belemnites), die sich ihrer Metamorphose nicht bewußt zu sein scheinen und in dieser letzten, kostbaren Form eine unvergleichliche Schönheit erreicht haben.

Fossilholz ist eine weitere Variante, ein prachtvolles Beispiel von Erfindungsgabe, mit traumhaften Farbtönungen des Opal, die an den Kanten entlangtanzen, die das verschwundene Produkt hinterlassen hat. *Opalisierte Tannenzapfen* sind eine weitere Variante. Sie stammen aus Amerikas Virgin Valley.

Opalfossilien sind für die Fische-Geborenen der ersten Hälfte deshalb ausgewählt worden, weil sie einen doppelten Wassereinfluß besitzen: Ihr herrschender Planet, der Neptun, hat dieselbe Dichte wie Wasser, während ihre veränderliche Masse, der Mond, das Anschwellen und Zurückweichen des Wassers kontrolliert, was wir die Tiden nennen. Opal enthält mehr Wasser als jedes andere Mineral – von einem bis zweiundzwanzig Prozent in den stumpfen, wertlosen Arten und von sechs bis zehn Prozent in den kostbareren Varietäten. Die meisten Opale enthalten eine Spur Eisen, und Mineralien mit diesem Element sind auf unserem Mond gefunden worden und sind definitiv auch auf dem Triton vorhanden. Für Jupiter, einem untergeordneten Einfluß der Fische, eignet sich der Opal aufgrund seines spezifischen Gewichtes und der Energie, die er durch Farb- und Musterveränderungen ausstrahlt.

Fluorit und Apophylit

Der *Fluorit* hat für gewöhnlich einen weißen Körper als Basis, kann aber auch in den sanftesten Rosa-, Grün-, Amethyst-, Gelb- und Blautönen vorkommen. Gelegentlich finden sich auch dunklere Farben, aber selbst diese schimmern mit fast heiliger Durchsichtigkeit, was mit dem unschuldigen Charakter dieses Minerals übereinstimmt. Fluorit ist häufig und fast überall zu erhalten, und so ist es ein idealer Partner für den herrschenden Planeten der Fische, denn es entsteht, wie alle Mitglieder der Kalzium-Gruppe, an kühlen, wasserreichen Orten.

Fluorit findet sich häufig in Kalksteinhöhlen und Sandstein. Die Kristalle bilden meistens Kuben. Die härteste und beste Qualität wird zu Schmuck geschnitten. Für die Kenner aus westlichen Ländern gelten die bezaubernden rosigen Steine aus der Schweiz, die an die untergehende Sonne erinnern, für unübertrefflich schön. Die Chinesen ziehen die blauen Töne vor, wenn sie ihre prachtvollen Werke schnitzen, die durch ihre innere Kraft den Betrachter in die Tiefe zu ziehen scheinen. Unter ultraviolettem Licht gibt Fluorit einen leuchtenden Glanz ab – daher die Bezeichnung ›Fluoreszenz‹.

Apophylit, der andere ›Kopfkissen-Kiesel‹ für Fische-Geborene der zweiten Hälfte, ist ebenfalls ein mit dem Wasser verwandtes Kalziummineral. Diese perlige, milchige Substanz läßt manchmal Rostbraun, Gelb, Grün oder Grau in ihren Vertiefungen ahnen und erhält dadurch das Aussehen einer großen weißen Wolke, die über einem Märchenschloß dahinschwebt. Nach offizieller Ansicht des Handels hat dieser Stein keine schleifbaren Kristalle. Aber seine Kristalle *werden* häufig geschliffen und von Sammlern geliebt. Die ätherische, wolkengleiche Version des Apophylit kommt hauptsächlich in Indien vor; ein anderer, prächtiger Apophylit-Kopfkissen-Kiesel stammt aus Mexiko, das eine Amethyst-Varietät mit einem Hauch Pink hervorbringt. In welcher Form auch immer, er ist selten opak, sondern mehr durchscheinend bis durchsichtig.

Sowohl Fluorit als auch Apophylite reagieren ungünstig auf Hitze, was sie zu einer angemessenen Parallele für den Planeten Pluto macht. Zum Jupiter passen beide gleichermaßen aufgrund ihrer Farben, des Wassergehalts und ihres häufigen Vorkommens.

Sonnen-zeichen	Herrschende Masse	Ungefähre Daten	Veränderl. Körper
Widder	Mars	20. März/ 3. April	Sonne
Widder	Mars	4. April/ 18. April	Jupiter
Stier	Venus	19. April/ 2. Mai	Merkur
Stier	Venus	3. Mai/ 19. Mai	Saturn
Zwilling	Merkur	20. Mai/ 4. Juni	Venus
Zwilling	Merkur	5. Juni/ 20. Juni	Uranus
Krebs	Mond	21. Juni/ 4. Juli	Pluto

Kostbarer Kristall	Talisman	Kopfkissen-Kiesel
Rosa Diamant, Rosa Saphir	Sonnenstein, Heliotrop (Bloodstone), Plasma	Cinnabarit, Dolomit, (Perlspat) Quarz
Alexandrit Rhodonit	Bowenit, Karneol	Youngite (Jaspis), Rubin, Zoisit
Smaragd, Oriental. Smaragd (Grüner Saphir)	Azurit, Malachit	Markasit, Pyrit
Andalusit, Chiastolith, Sphalerit	Jadeit, pyritisierte Ammoniten	Irish Fairey Stone
Orangensaphir (Padparadscha), Taafit	Moosachat, Mokkastein, Uwarowit	Staurolith, Verdit
Katzenauge, Chrysoberyl	Transvaal Jade, Granat	Rubellit in Lepidolith, Geode
Adular, Katzenauge-Skapolith	Perle, Perlmutt, Rosenquarz, Schnecken-gehäuse	Aragonit, Calcit, Koralle

Sonnen-zeichen	Herrschende Masse	Ungefähre Daten	Veränderl. Körper
Krebs	Mond	5. Juli/ 21. Juli	Neptun
Löwe	Sonne	22. Juli/ 5. August	Jupiter
Löwe	Sonne	6. August/ 21. August	Mars
Jungfrau	Merkur	22. August/ 5. Sept.	Saturn
Jungfrau	Merkur	6. Sept./ 21. Sept.	Venus
Waage	Venus	22. Sept./ 6. Oktober	Uranus
Waage	Venus	7. Oktober/ 22. Oktober	Merkur
Skorpion	Pluto/Mars	23. Oktober/ 6. November	Neptun

Kostbarer Kristall	Talisman	Kopfkissen-Kiesel
Wasseropal	rote Koralle	Desert Rose, Selenit, Enhydrit
Gelber Diamant	Zirkon, Phenakit	Vanadinit, Muskovit
Weißer Diamant	Heliodor, Sphen (Titanit)	Schwefel, ›Vulkanische Bomben‹
Schwarzer Opal	Labradorit, Spessartin (Granat)	Hämatit, Magnetit
Iolith, Karfunkel (Almandin-Granat)	Tigerauge, Blaugetönte Lava	Meteorit, Obsidian
Spinell, Weißer Topas, Kyanit	Dioptas, Tsavorit	Kyanit, Wavellit
Blauer Saphir, Sillimanit	Grüner Jadeit	Adamit auf Limonit, Ilmenit
Rubin, Korund, Benitoit	Blue John	Stibnit, Krokoit

Sonnen-zeichen	Herrschende Masse	Ungefähre Daten	Veränderl. Körper
Skorpion	Pluto/Mars	7. November/ 21. November	Mond
Schütze	Jupiter	22. November/ 5. Dezember	Mars
Schütze	Jupiter	6. Dezember/ 20. Dezember	Sonne
Steinbock	Saturn	21. Dezember/ 6. Januar	Venus
Steinbock	Saturn	7. Januar/ 19. Januar	Merkur
Wassermann	Uranus/ Saturn	20. Januar/ 3. Februar	Merkur
Wassermann	Uranus/ Saturn	4. Februar/ 18. Februar	Venus
Fische	Neptun/ Jupiter	19. Februar/ 4. März	Mond
Fische	Neptun/ Jupiter	5. März/ 19. März	Pluto

Kostbarer Kristall	Talisman	Kopfkissen-Kiesel
Rhodochrosit, Alexandrit	Amethyst	Okenit, Prehnit, Quarz
Turmalin, Phosphophylith	Bernstein, Eilatstein, Türkis	Aurichalcit, Chrysokoll
Turmalin	Türkis, Hauyn	Bornit, Chalkopyrit, Thunder Egg
Topas, Chondrolit	Jett, Lazulith	Stichtit, Morion, Zitrin
Tansanit, Opal Pineapple	Lapislazuli	Bergkristall, Venushaar (Rutil)
Peridot, Brasilianit	Aventurin, Onyx	Wulfenit
Diopsid, Tugtupite	Jade, Kassiterit	Charoit, Torbenit
Diamant, Aquamarin	Smithsonit, Satinspat	Opalisiertes Fossil, Fossilholz
Kunzit, Hiddenit, Euklas	Chrysopras, Blauer Achat	Fluorit, Apophylit

Teil III

HEILENDE
STEINE

HEILENDE
STEINE

Dieser Abschnitt besteht aus zwei Teilen: Zuerst wird berichtet, wie sich Steine und Kristalle auf Ihre Gesundheit auswirken. Diesem folgt eine Liste der wichtigsten Steine, die über heilende Wirkung verfügen. Sie werden individuell beschrieben, diesmal ganzheitlich, nicht nur astrologisch. Diesem Kapitel folgt ein Verzeichnis von Krankheiten und ihrer Behandlung, in dem auch viele andere Steine erwähnt werden. Der geneigte Leser möge zwischen diesem und dem vorhergehenden astrologischen Abschnitt hin- und herblättern, um auf diese Weise den Gewinn zu vergrößern, der aus beiden Abhandlungen zu ziehen ist.

Kostbare Gesundheit –
edle Steine

Die Wurzel aller Krankheit ist Gift durch Unausgewogenheit. Die ganzheitliche Behandlung basiert auf der Theorie, daß Störungen einzelner Teile das Ganze krank machen. Die Naturheilkunde sorgt dafür, daß der gesamte Körper behandelt wird – oder vielmehr der gesamte Mensch. Sie beschränkt sich nicht darauf, einzelne Organe zu flicken, wie es in der orthodoxen Medizin so häufig gezwungenermaßen geschieht. Natürlich ist die letztere auch erforderlich – ein gebrochener Knochen kann nicht durch

Reiben mit einem Kristall geheilt werden. Im Idealfall sollten orthodoxe und alternative Methoden miteinander kombiniert werden. Das Ergebnis wäre ein merklicher Rückgang im Drogenkonsum sowie eine nachhaltige Erholungsrate, ohne oder mit nur wenigen Nebeneffekten.

Noch eines ist allerdings erforderlich – Selbsthilfe. »Arzt, heile dich selbst« ist eine gute Maxime für uns alle, und es gibt viele Wege, Krankheiten abzuwehren und gleichzeitig Ausgeglichenheit und Glück zu erlangen. Über alles wird heute ausführlich berichtet. Wir können Sport treiben, richtig atmen und stehen, auf Alkohol und Tabak verzichten, sogar barfuß an abgeschiedenen Sandstränden spazieren, damit das Silikon von der Fußsohle her in unseren Körper hineinwirken kann. Es ist aber sinnlos, einen Rat von außen zu erbitten, solange wir nicht entschlossen sind, uns selbst zu helfen.

Leider scheinen nur wenige Menschen diese grundlegende Tatsache begriffen zu haben. Viele wenden sich der Naturheilkunde erst dann zu, wenn alles andere vergeblich war, und erst nach jahrelanger Bestrafung und unwissentlicher Mißhandlung ihres leidenden Körpers. So hat es der Kristallheiler sowohl mit schweren Störungen zu tun, die im Laufe der Zeit durch Medikamente hervorgerufen wurden, als auch mit offensichtlichen Krankheiten. Glücklicherweise sind Ärzte, die nach der Ganzheitsmethode heilen, nur selten materialistisch. Sie sind bereit, dem Wohlergehen eines jeden Patienten viele Stunden zu opfern, und fähig, durch ihre Methode eine Heilung in den tieferen Zonen zu erreichen, dort, wo die Krankheit ihren Ursprung hat – im Gegensatz zu orthodoxen Medizinern, die einfach gezwungen sind, die Kranken in Intervallen von einer Viertelstunde (oder weniger) zu bestellen, ihnen ein Rezept auszustellen und sie wieder fortzuschicken.

Der vorhergehende Teil wies auf die Verbindungen zwischen bestimmten Steinen und den astrologischen Planeten und Zeichen hin und zeigte uns so, was wir in unserem

Leben verbessern können, indem wir in Harmonie mit dem Universum leben. Schon dies ist ein wichtiger Beitrag zur Gesundheit. Doch dieser Teil des Buches geht noch weiter. Er beschreibt die aktiven heilenden Eigenschaften der Steine, wie wir sie benutzen können, um uns selbst zu helfen, und wie Heiler uns durch sie helfen können. Wie geschieht das nun?

Alles Heilen ist eine Übermittlung von Energie von einer Quelle zur anderen. Ein Heiler scheint auf geheimnisvolle Weise Energie von oder durch seine eigene Person auf ein anderes menschliches Wesen zu übertragen.

In diesem Kapitel geht es um die Edelsteine der Erde, um Materie in ihrer reinsten Form; sie heilen, indem sie Energien übertragen, die aus dem Universum hereinwirken, mit dem sie durch ihre Elemente und Zusammensetzung verbunden sind. Wenn wir krank sind, unglücklich oder in irgendeiner Weise nicht in Ordnung, dann bedeutet das, daß wir es zugelassen haben, nicht im Einklang mit unseren Sternen zu stehen. Durch ihre Macht, die für uns lebenswichtigen Energien zu übermitteln, können die Mineralien das Gleichgewicht wieder herstellen.

Ein erster Schritt im Prozeß der elementaren Selbstheilung sollte also sein, Ihren Geburtsstein zu benutzen, sich seiner Kräfte bewußt zu sein, mit ihm zu spielen, ihn zu tragen, ihn in Ihrer Nähe zu haben und anzusehen. Bei Nacht können diese Steine Heilung bringen, wenn sie auf einem Nachttisch etwas erhöht über dem Kopf des Besitzers liegen – unter dem Bett oder der Matratze ist es nicht so gut.

Als nächstes sollten Sie auf den folgenden Seiten die Beschreibung lesen, die sich besonders auf die heilenden Eigenschaften der Steine konzentrieren – und dann die Liste der Krankheiten, sowohl körperlicher als auch geistiger Natur, und welche Steine helfen können, sie zu heilen. Im Prozeß der Heilung durch Steine fließt Energie mit nicht aufzuhaltender Kraft aus dem Mineral. Doch zuerst muß es auf mindestens Raumtemperatur erwärmt werden, möglicherweise noch gerieben, um seine Vibrationen zu aktivieren. Es sind die Vibrationen, die sich auf den Patienten auswirken und seinen eigenen Rhythmus korrigieren. Es ist der Stein, der hier aufgrund der Nähe die Arbeit leistet. Der Patient muß ihn nur handeln lassen.

Abgesehen von diesem Prozeß der einfachen Selbsthilfe gibt es noch die uralte Kunst der Heilung anderer – eine Kunst, die in den materialistischen Jahrhunderten verworfen wurde, die jetzt aber zurückkehrt. Woher weiß ein Mensch, ob er diese Kraft besitzt? Sie ist gewiß nicht akademischen Titeln, scharfem Verstand oder ›Schlauheit‹ zu verdanken. Vielmehr ist es eine Sache von Konzentration und Einfühlungsvermögen. Es sind allein diese Eigenschaften, die das Wesen eines Steines erschließen. Ob man sie besitzt oder nicht, muß man selbst herausfinden. Man soll daran denken, daß der Geist des Heilers selbst frei von jeglichem Negativen sein muß, ehe er mit dem helfenden Wirken beginnen kann; die Heilung durch Steine kann die Wege zu höherer Spiritualität oder der Seele öffnen, die durch die Exzesse rationalen Denkens blockiert sein können. Vergessen Sie auch nicht, daß die gerade erwähnten Listen, die sowohl für den Heiler von anderen bestimmt sind als auch für das Individuum, das ein Heilmittel bei sich selbst anwenden möchte, nur auf allgemeinen Entdeckungen beruhen. Auch die Geschicklichkeit und die persönlichen Vibrationen des Praktizierenden sind ein Faktor, und deshalb sollten die Listen nur als Sprungbrett zu einem freien Experiment genutzt werden.

Es wird Ihnen auch auffallen, daß einige altertümliche, pulverisierte Rezepturen aufgeführt sind. Diese sind aufgenommen worden um der Neugier willen und um die Ideen unserer Vorväter zu illustrieren. Sie sind ganz entschieden nicht vom Verfasser empfohlen. Die Kraft und Tugend der Edelsteine liegt in ihrer Färbung, ihrer Lichtbrechung und ihren Energien.

Doch zuerst, wie soll der Möchtegern-Heiler beginnen? Wie verläuft der Heilungsprozeß?

Das Heilen wird über das Medium ›Stein‹ ausgeübt, ungefähr so wie beim Kristallsehen. Für den Neuling ist die beste Wahl ein Stück Bergkristall der Quarzvarietät, anderthalb Zoll lang, der vor Gebrauch in reinem, kaltem Wasser, vorzugsweise Mineralwasser, gereinigt und dann in der Sonne oder zumindest an der Luft getrocknet werden sollte. Er sollte *nicht* mit einem Handtuch abgetrocknet werden, denn der Flausch sammelt negative Energie. Auch Salzwasser, das Oberflächenbelag hinterläßt, eignet sich nicht für diesen Reinigungsprozeß.

Um Ihren Geist auf das Mineral einzustellen, spielen Sie sanfte, leise Musik. Dann legen Sie den Kristall in Augenhöhe neben eine brennende Kerze und konzentrieren sich auf die Flamme, die eine Betäubung des Sehnerves bewirkt! Das schließt Ablenkungen aus – genau das, was auch beim Kristallsehen geschieht. Mit halbgeschlossenen Augen beobachten Sie nun, wie sich das Licht ausdehnt und bis in die fernen Ecken des Raumes leuchtet. Atmen Sie tief ein, dann langsam wieder aus. Atmen Sie bewußt zum Kristall hin.

Jetzt versetzen Sie sich in Gedanken an einen besonders geliebten Ort, und stellen Sie sich vor, sich dort aufzuhalten. Fast sofort wird Ihre eigene Vibrationsrate sich an die des Kristalls anpassen, und Ihre schöpferischen Kräfte werden sich öffnen. Nun bringen Sie Ihren Kristall an einen friedlichen, hellen Ort, und konzentrieren Sie sich ohne Kerze auf den Stein, bis sein inneres Leuchten zunimmt. Lassen Sie es zu, daß sein Energiefeld die Luft um Sie her zittern läßt, während Sie die Vibrationen des Kristalls einatmen. Ihre eigenen Vibrationen werden sich auf den Kristall übertragen, wenn Sie ausatmen.

Tragen Sie Ihren Kristall bei sich, spielen Sie ständig damit, wenn Sie allein sind, zu jeder Tages- und Nachtzeit, stellen Sie sich vor, Ihr Körper, Ihr Geist und der Kristall befänden sich in vollendeter Harmonie. Nach einer schlechten Erfahrung oder einem beunruhigenden Tag reinigen Sie Ihren Stein mit Mineralwasser und lassen ihn, wie bereits beschrieben, trocknen. Wenn es nötig sein sollte, zünden Sie erneut die Kerze an und beginnen noch einmal ganz von vorn. Sie werden feststellen, daß Ihr Kristall Ihnen Frieden bringt und auf Ihren Geist wirkt.

Von nun an wird die Heilung anderer für diejenigen, die diese Gabe besitzen, ein kleiner Schritt sein. Nur dürfen Sie nicht vergessen, daß zwar jede Varietät eines Edelsteines ihre eigenen, individuellen Vibrationen besitzt, daß aber diese Kräfte nur übertragen und verstärkt werden können, wenn sie entweder durch Hitze oder durch die zuvor beschriebene Behandlung angeregt worden sind.

Die Verstärkung der Kristallenergie ist der Schlüssel zur Heilung mit Hilfe dieses Mediums, indem ein geistiges Bild des Patienten hervorgerufen wird, umhüllt mit dem Licht des Kristalls. Wenn dies getan wird, werden sich die wirklich kranken Stellen (die nicht mit jenen übereinstimmen müssen, die schmerzen) häufig in Flecken von bösartiger Färbung darstellen und das gleichmäßige Licht zerstören, das die sogenannte Aura bildet, eine Art Regenbogen aus Farben hauptsächlich um den Kopf herum; es kann sich um ein wirkliches vielfarbiges Phänomen handeln, das sich aber für gewöhnlich durch die Vorherrschaft von zweien oder dreien zeigt. Deutliche, kräftige Farben und Reinheit sind in der gesunden Aura wichtiger als alles andere. Wenn diese Farben verblassen oder zerstört sind, behebt der Fachmann dies, indem er die Energie eines anderen Steines mittels des geistigen Auges zuführt. Steine aus der Familie der Zirkone, mit ihrem feinen Lichtspiel und Farbenspektrum, sind zu diesem Zweck am besten geeignet, aber da Zirkone teuer oder schwer zu bekommen sind, kann die Lösung darin liegen, ein Museum zu besuchen.

Dort kann der Anfänger im Heilen ausgewählte Mineralien studieren – nicht mehr als vier oder fünf pro Sitzung.

Und wenn er sie gründlich visualisiert hat, wird er heimkehren, seinen Bergkristall hervorziehen und zulassen, daß das Bild des Steines oder der Steine, die er im Museum studiert hat, durch ihn am Patienten arbeitet. Wenn jedoch der Stein selbst erworben werden kann, legen Sie den Zirkon direkt neben den Bergkristall oder in die Handfläche, und konzentrieren Sie sich voll auf die betroffene Aura, um Heilkraft und Stärke auszusenden. Halten Sie die Aura vor Ihrem geistigen Auge ein paar Sekunden lang so ruhig wie möglich, ehe Sie sie im Geiste im Licht des Bergkristalls baden. Schließlich stabilisieren Sie die Aura auf dieselbe geistige Art mit Labradorit.

Alle tierische und pflanzliche Materie sendet ständig Trillionen von feinen, haarähnlichen, himmelblauen Pfeilen aus – die physikalischen Manifestationen der Lebenskraft –, die den Körper umarmen und mit gleichmäßiger, gleichbleibender Kraft frei umfließen, wenn es dem Betreffenden gutgeht. Doch wenn ein Weiterleben in Frage gestellt wird oder der Betreffende deutlich geschwächt ist, werden die Pfeile selten und verformen sich. Der Heiler, der mit demselben Bergkristall, klarem (weißem) Topas oder Aquamarin arbeitet, wird versuchen, die Ausstrahlung zu ihrer richtigen Form zurückzuführen. Wenn der Patient reagiert, greifen Sie zur sanften Verstärkung mit Hilfe von Rhodonit oder Rhodochrosit auf die oben angeführte Weise. Verwenden Sie Rhodonit für den älteren Patienten, Rhodochrosit für den jungen. Bei Pflanzen und Tieren befolgen Sie die beschriebene Prozedur mit einem Bad in Dioptas.

Wenngleich die oben beschriebenen Techniken auch bei dem anwesenden Patienten durchgeführt werden können, werden sie doch meist in dem Bereich dieser Kunst angewandt, der als ›Heilung von Abwesenden‹ bekannt ist, also dann, wenn der Patient sich irgendwo aufhält – in einem anderen Zimmer, einem anderen Land oder einem anderen Kontinent, und meistens wird er nicht einmal wissen, daß eine Heilung vorgenommen wird. Aufgrund der esoterischen Qualität einer solchen Heilung ist dies tatsächlich die bestmögliche Art und Weise. Aber gleichgültig, ob der Patient an- oder abwesend ist, das Wichtigste ist Ruhe. Das heißt, daß der Heiler selbst entspannt und ruhig sein muß und in der Lage, seine Steine mit ihren Eigenschaften und heilenden Kräften voll zu nutzen.

Zu Anfang dieses Kapitels wurde von den Vibrationen der Mineralien gesprochen. Nur wenige von uns sind sensibel genug, sie zu fühlen. Hier folgt nun eine Methode, wie man dies erlernen kann. Sie erfordert nichts weiter als ein wenig Geduld.

Fangen Sie mit einem Nest aus Amethystkristallen an. Zuerst reiben Sie Ihre Handflächen aneinander, dann halten Sie die ausgestreckten Hände dicht über die Steine. Bleiben Sie so ein paar Sekunden lang. Wenn Sie kein Gefühl von Kälte empfinden, versuchen Sie es erneut. Bald spüren Sie es. Diese Übung wurde schon mit so manchem ›ungläubigen Thomas‹ in der Edelsteinabteilung des Kaufhauses Harrods (in Knightsbridge, London) durchgeführt. Die Wandlung des Gesichtsausdruckes von Unglauben über Staunen zu Freude über das Erreichte ist es wert, diesen Versuch zu machen.

Energie durch Farbe

Schließlich verdienen noch drei weitere Faktoren bei der Heilung mit Steinen besondere Beachtung. Der erste ist die Farbe und ihre Wichtigkeit als Kraftquelle. Man sagt, daß Farben eines der großen Vergnügen im Leben bedeuten. Sie erstaunen uns in den Gemälden. Wir reagieren voller Gefühl auf das Schauspiel eines schönen Sonnenuntergangs. Diese Dinge erregen unsere Sinne und erfrischen unsere Seele. Ist uns eigentlich jemals klargeworden, daß sie auch unsere Körper restaurieren?

Die neun Hauptchakren im menschlichen Körper

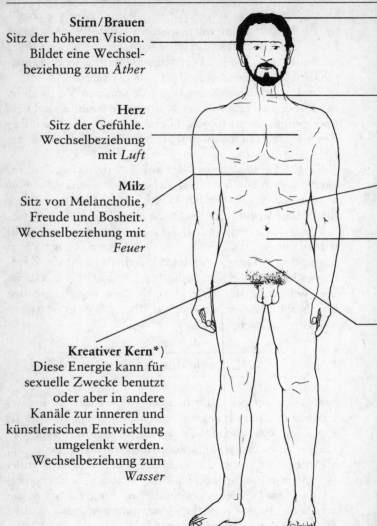

Stirn/Brauen
Sitz der höheren Vision.
Bildet eine Wechsel-
beziehung zum *Äther*

Herz
Sitz der Gefühle.
Wechselbeziehung
mit *Luft*

Milz
Sitz von Melancholie,
Freude und Bosheit.
Wechselbeziehung mit
Feuer

Kreativer Kern*)
Diese Energie kann für
sexuelle Zwecke benutzt
oder aber in andere
Kanäle zur inneren und
künstlerischen Entwicklung
umgelenkt werden.
Wechselbeziehung zum
Wasser

Scheitel
Sitz von Spiritualität
und Lernen. Steht in
Wechselbeziehung
mit *Äther*

Kehle
Sitz der Persönlichkeit
und des Klanges der
Sprache. Katalysator
zwischen Körper und
Geist. Wechselbeziehung
mit *Äther* und *Luft*

Solarplexus
Sitz des abdominalen
Nervensystems.
Wechselbeziehung
mit *Luft* und *Feuer*

Bauch (Nabelgegend)
Sitz tiefer physischer Kraft.
Wenn es richtig funktioniert,
wirkt dieses Chakra als
Katalysator für alle anderen
Chakren, mit der möglichen
Ausnahme des Scheitel-
Chakras. Wechselbeziehung
zu *Luft, Feuer, Erde* und
Wasser.

Basis des Rückgrats
Physische Energie.
Wechselbeziehung
mit *Erde*

*) Der **kreative Kern** befindet sich unterhalb der Basis des
Rückgrats beim Mann, aber oberhalb der Basis des Rückgrats bei der Frau.

Chakra	Farbe	Tag	Mineral
Herz	Tiefgrün	Montag	Dioptas, Malachit
Kreativer Kern	Rot	Dienstag	Rötlicher Bernstein
Basis der Wirbelsäule	Rot	Dienstag	Feueropal, Roter Spinell
Scheitel	Rosa-Violett	Mittwoch	Rosa Saphir, Kunzit
Kehle	Blaugrün	Donnerstag	Chrysopras, Türkis
Solarplexus	Gelb	Freitag	Gelber Zitrin, Heliodor
Stirn	Indigo	Samstag	Lapislazuli, Azurit, Iolith
Milz	Orange	Sonntag	Oranger Zirkon, Padparadscha
Bauch (Nabelgegend)	Weiß/ blasses Blau	täglich	Weißer Topas, Aquamarin

Die neun unten aufgeführten ›Chakren‹ sind die Haupt-
energiezentren im Körper; sie arbeiten durch die Farbe.
Jedes Chakra reagiert auf ein besonderes Zusammenwir-
ken von Farbvibrationen, das es zu dem Körperbereich
übermittelt, der sich unter seiner Kontrolle befindet, entweder direkt oder aber durch andere, untergeordnete
Energiepunkte. Auf diese Weise erfüllen sie ihre wichtigste
Rolle, die darin besteht, jedem von uns physische, psychische und geistige Hilfe zu bieten.

Jedes Chakra kann effektiver arbeiten, wenn es mit
einem entsprechenden Stein in Verbindung gebracht wird.
Außerdem arbeitet es am besten an dem Tag der Woche,
der traditionsgemäß mit seiner beherrschenden Farbe in
Verbindung gebracht wird.

Die hier aufgeführte Grafik (S. 192/193) zeigt diese
Verbindungen auf einen Blick. Am entsprechenden Tag
jeder Woche konzentrieren Sie den Geist auf die entsprechende Farbe und den zugehörigen Stein (wenn es mehr als
einen Stein gibt, wählen Sie den, der Ihnen am liebsten ist),
konzentrieren Sie Ihre Gedanken etwa fünf Minuten lang
auf den Bereich des Körpers, der von dem Chakra kontrolliert wird. Wenn Sie das Gefühl haben, Ihr Körper wäre
teilweise erschöpft, so kann diese Übung mehr als einmal
wöchentlich durchgeführt werden – das heißt, an Tagen,
die nicht direkt mit dem betreffenden Chakra in Verbindung gebracht werden. Auch hier, wie in allen Bereichen
der ganzheitlichen Praxis, kommt der Erfolg mit der
Erfahrung.

Pflege und Reinigung

Wie alle kostbaren und schönen Gegenstände – ganz zu
schweigen von Menschen – verdienen Steine, liebevoll ge-
pflegt zu werden. Erinnern Sie sich zuerst einmal an ihre
Ursprünge in den dunklen Tiefen der Erden, an ihre darauf folgende Reise, die oft mehrere Jahrhunderte lang dau-

erte, bis sie näher an die Oberfläche kamen, und häufig in Regionen, die kühl und feucht waren. Deshalb behandeln Sie die Steine entsprechend dieses Hintergrunds. Bewahren Sie sie in einem staubdichten Gefäß auf, und schützen Sie sie – außer für seltene Unterbrechungen – gegen starkes Licht. Wir sprechen hier besonders von Mineralien in ihrem natürlichen Zustand. Edelsteine, die geschliffen und poliert worden sind, sind ganz offensichtlich zur Benutzung abgehärtet. Aber auch sie sind empfindlich, wie wir gleich sehen werden. Doch ungeschliffene Steine sind so verletztlich und empfindlich wie in dem Augenblick, als sie aus der Erde geborgen wurden. Behandeln Sie sie ebenso sanft und respektvoll, wie Sie mit einem feinen, alten Stück Pergament umgehen würden!

Jetzt zur Reinigung selbst. Wenn ein Stein sehr schmutzig ist, wenn zum Beispiel Schlamm oder angetrocknete Erde entfernt werden müssen (in diesem Zustand kann sich ein ungeschliffener Stein sehr wohl befinden, wenn Sie ihn erstmals erwerben), weichen Sie ihn in kaltem Wasser ein, um den Schmutz zu lösen, der dann mit Hilfe einer weichen Bürste entfernt werden kann. Achten Sie sorgfältig darauf, den Stein niemals zu kratzen oder zu stechen.

Wenn statt Schmutz andere Mineralien anhaften, bringen Sie den Stein zu einem Museum oder in ein Geschäft und bitten Sie dort einen Experten, sie zu entfernen.

Die Reinigung von Steinen ist komplexer, als man vermuten würde, und es ist überraschend, daß nur so wenige Bücher, die sich mit Mineralien befassen, davon berichten. So ist zum Beispiel die Annahme falsch, man könnte alle Mineralien und Drusen unter fließendem Wasser reinigen. Im Gegenteil, dies kann einige Schäden verursachen. Mitglieder der Gipsfamilie, wie zum Beispiel die Sandrose, reagieren besonders unfreundlich auf Wasser. Das überrascht nicht sonderlich, denn sie gehören zu den Hauptbestandteilen von gebranntem Gips, von Düngemitteln und

Zement. Dasselbe gilt auch für Calcit, die Basiskomponente von Kreide und Kalkstein. Weitere Mineralien auf der Liste umfassen Apophyllit, Schwefel, Halith, Natrolith, Adamit und Auriochalcit, dazu alle pulverisierten Kristalle, wie sie häufig bei Azurit, Chalropyrit, Bornit und Zitrin anzutreffen sind, wobei es sich bei dem letztgenannten fast ausschließlich um von Menschen erhitzten Amethyst handelt. Wenn diese Mineralien staubig sind, ist es das beste, sie anzublasen, sie in die Nähe eines elektrischen Ventilators zu stellen oder an eine sichere Stelle, die dem Wind ausgesetzt ist. Alternativ können Sie sie auch mit einem kleinen Pinsel der besten Qualität oder mit dem Reinigungspinselchen für eine Kameralinse reinigen.

Die meisten der großen Kristalle, wie Turmalin, Aquamarin, Bergkristall und anderer Quarzvarietäten, können unter kühlem, fließendem Wasser gereinigt werden, während eines Regenschauers oder sogar in lauwarmem Wasser mit einer winzigen Spur Spülmittel und Weichspüler. Achten Sie aber sorgfältig darauf, den Film, der von den Chemikalien zurückbleibt, anschließend gründlich abzuwaschen, da er nicht nur dem Stein den Glanz nimmt, sondern auch negative Energie anzieht. Nach dem Bad lassen Sie den Stein im Schatten an der Luft trocknen, oder auch in einem sauberen Stück Papier. Ein Handtuch hinterläßt ungewünschte Faserteilchen. Bei einigen Steinen – besonders beim Malachit, Azurit, Chrysokoll und Fluorit, müssen Sie Spülmittel auf jeden Fall meiden.

Wir wenden uns jetzt den geschliffenen Steinen und den Schmucksteinen zu, danach folgt eine Anweisung zur Behandlung bestimmter Steine.

Opal, wenn er nicht benutzt wird, und vor allem, wenn er in einem Zimmer mit Aircondition, in einem Banktresor oder einem mit Samt ausgeschlagenen Kistchen aufbewahrt wird, sollte in einem unverschlossenen Plastiktütchen mit einem Tropfen Wasser liegen. Ein Opal sollte etwa einmal im Monat in kaltes Wasser getaucht werden. Er darf *niemals* beim Baden, Schwimmen, Abwaschen oder Kochen getragen werden. Ist dies einmal geschehen, muß er sofort in frisches Wasser gelegt werden.

Opaldoubletten und *-tripletten* bedürfen besonderer Sorgfalt; denn wenn sie auch nur mit einem Tropfen Wasser in Berührung kommen oder versehentlich der Hitze ausgesetzt werden, können sie weiß anlaufen, sich vom Hintergrund abheben oder von ihrer Kristallkuppel lösen.

Bernstein und *Jett* sind leicht zu verkratzen, werden durch Kontakt mit Parfüm und Körpersäuren matt und haben einen niedrigen Schmelzpunkt. Aufgrund ihrer empfindlichen Struktur können beide verwittern oder Risse bekommen, wenn sie ungeschützt der Luft ausgesetzt sind. Um dies zu vermeiden, müssen sie regelmäßig – selbst wenn sie nicht getragen werden – mit einem weichen, mit Bienenwachs imprägnierten Tuch oder mit einer Möbelpolitur aus Bienenwachs eingerieben werden. Achten Sie darauf, daß sie nicht mit anderem Schmuck in Berührung kommen – ihre Weichheit leidet sonst Schaden. Bewahren Sie sie in ein weiches Tuch gewickelt an einem dunklen Ort auf. Wenn sie zu Perlen geschliffen sind, ziehen Sie sie auf Seide oder Baumwolle auf – Metall würde sie so stark beschädigen, daß eine Reparatur nicht mehr möglich wäre.

Türkis kann mit einem weichen Tuch abgerieben werden, muß aber vor Hitze geschützt sein, damit er nicht schmilzt. Durch Kontakt mit Körperöl oder Creme wird eine schnelle Farbveränderung herbeigeführt. Auch Körperabsonderungen verursachen eine Entfärbung, deshalb sollten Sie Türkis immer auf der Kleidung tragen.

Fluorit und *Dioptas-Schmuck* muß durch hohe Fassungen geschützt werden.

Hämatit verliert seinen Schimmer leider nach sechs Monaten beständigen Tragens; es gibt nichts, was man dagegen unternehmen könnte. *Jade* und *Jadeit* sind hart, brechen aber, wenn man daran stößt.

Perlen sind ein schwieriger Fall, wenn es darum geht, einen Rat zu geben, denn ihre Qualität ist sehr unterschiedlich. Normalerweise wird ein mildes Shampoo ihnen nicht schaden, aber sie sollten fertigen Schmucktauchbädern nicht ausgesetzt werden, ebensowenig Zitronensaft oder anderen Säuren.

Perlmutt und *Koralle* sollten auf dieselbe Art gereinigt werden wie *Perlen, Muscheln, Elfenbein* und alle Arten von *Schmuck tierischen oder pflanzlichen Ursprungs.*

Diamanten können in Schmucktauchbäder gelegt oder mit Plüsch und etwas Shampoo gereinigt werden. Manche Leute fügen noch ein wenig Ammoniak hinzu, aber das ist nicht zu empfehlen. Juweliere reinigen Diamanten häufig durch Ultraschall (das heißt, sie erhitzen Wasser mit Hilfe von Hochfrequenz-Schallwellen). Das ist eine gefährliche Praxis, da die kleinste Unregelmäßigkeit in einem Kristall schon dazu führen kann, daß der Stein splittert. Aus demselben Grund können *Smaragde,* die in der besten Qualität schon natürliche Streifen aufweisen und meistens von zahllosen Einschlüssen durchzogen sind, durch diese Methode zerstört werden. Sie sollten Smaragde stattdessen mit lauwarmem Wasser reinigen, dem eine Spur Shampoo zugesetzt ist, und anschließend gründlich spülen.

Rubine, Saphire, Topase, Spinelle und *Zirkone* sind weitere Edelsteine, die nicht mit Ultraschall gequält werden sollten, da sie dadurch häufig die Farbe verlieren. Es ist viel besser, sie gründlich in einer Mischung aus Shampoo und enthärtetem Wasser zu baden.

Der berühmte Stein *Lapislazuli* scheint ganz von allein rein zu bleiben, muß allerdings dann hin und wieder von einem Fachmann poliert werden, wenn er lieblos behandelt worden ist.

Die Pflege und Reinigung von Mineralien und Kristallen ist ein umfassendes Thema. Lebenslange Studien würden kaum ausreichen, um es zu meistern. Der Schlüssel zu allem ist Sanftheit und Respekt. Kein Besitzer oder Träger, nicht einmal ein Neuling, der sich in diesem Sinn verhält, wird große Fehler machen.

Esoterische Reinigung

Man kann dies als Ergänzung zur praktischen Pflege auffassen. Viele merkwürdige und wundervolle Rituale sind im Laufe der Jahrhunderte entstanden. Hier ist eine authentische Methode.

Setzen Sie sich mit gekreuzten Beinen auf den Boden, die Handrücken ruhen auf den Oberschenkeln, den Stein haben Sie auf Stirnhöhe plaziert. Im Geiste umgeben Sie nun den Stein mit Licht und transportieren ihn an den Rand eines Sandstrandes, wo er von dem hereinflutenden Wasser umspült wird. Diese Vision brauchen Sie nur einige Minuten beizubehalten, da der Ozean ein natürliches Desinfektions- und mächtiges Heilmittel ist. Ihr Stein gewinnt nun aus dem silikonreichen Sand die Harmonie zurück, denn Silikon ist das fruchtbarste Element der Erde und außerdem dasjenige, auf das alle Minerale und Kristalle eingestellt sind.

Ihre Phantasie badet jetzt Ihren Stein in einem Bergbach. Schließlich trocknen Sie ihn an einem Feuer, das mit Weihrauchkörnern gewürzt ist (einem aromatischen Harz, das von afrikanischen und asiatischen Bäumen gewonnen wird).

Nach dieser imaginären, meditativen Handlung spülen Sie Ihren Stein in Mineralwasser (kann aus der Flasche sein), und lassen Sie ihn an einem schattigen Fleckchen trocknen. Gereinigt, wie er jetzt sein sollte, sowohl physisch als auch geistig, ist er ein vollendetes Medium für die esoterische Heilung.

Anweisungen zur Meditation

Odette Hallowes, eine Widerstandskämpferin im Zweiten Weltkrieg (sie wurde 1945 zum M.B.E. [member of the order of the British Empire, Anm. d. Ü.] ernannt, erhielt 1946 das Georgskreuz und wurde 1950 in die Ehrenlegion aufgenommen), fand durch Meditation Erleichterung von den Schmerzen, die ihr ihre Peiniger zugefügt hatten. Sie konzentrierte sich auf das sich ständig verändernde farbige Licht, das ein Opalring abgab, der – durch Glück, vielleicht auch Vorsehung – an ihrem Finger geblieben war. So verfügte sie über ein Mittel zur geistigen Flucht vor unerträglichen, körperlichen Schmerzen, ähnlich dem, das andere Opfer unter Folter angewandt haben. Ist es ein Zufall, daß der Opal in alten Zeiten als ›Der Stein der Gerechtigkeit‹ und ›Die Regenbogenbrücke zwischen Himmel und Erde‹ bekannt war?

Meditation, dieser Schlüssel zur Transzendenz weltlicher Sorgen, kann sich vieler Hilfsmittel bedienen, so auch der Kristalle und Steine. Hier nun eine Technik, die eine Freundin von mir von einer Schamanin aus einem nordamerikanischen Stamm lernte.

Um sie zu praktizieren, benötigen Sie eine Decke, eine ziemlich große Feder, vier Weihrauchstäbchen, einen Bergkristall von mindestens 10 cm Länge, einen kleineren Kristall oder Stein welcher Art auch immer, und einen ruhigen, halb abgedunkelten Platz, an dem Sie arbeiten können.

Nachdem Sie sich zu einem Meditationsthema entschlossen haben, halten Sie es fest, und schreiben Sie es auf vier Stücke Papier. Jedes davon plazieren Sie nun mit jeweils einem angezündeten Weihrauchstäbchen nördlich, südlich, östlich und westlich von Ihnen. Breiten Sie die Decke auf dem Boden aus, und schwenken Sie die Feder, um jegliche Negativität zu vertreiben. Wenn Sie den Geruch des Weihrauchs in diesem Stadium als zu schwer empfinden, können Sie ihn löschen.

Setzen Sie sich nun mit gekreuzten Beinen auf die Decke, legen Sie die Handrücken auf Ihre Oberschenkel, wiegen Sie den großen Kristall in Ihrer rechten Hand, den kleineren Stein in Ihrer linken. Diese Haltung ist als ›Power-House‹-(Krafthaus-)Position bekannt und bildet ein Dreieck, ahmt den Umriß der Pyramiden nach. Atmen Sie jetzt regelmäßig und tief, wobei Sie jedesmal voll ausatmen. Schließen Sie die Augen, zumindest halb, und stellen Sie sich Ihren Körper in seiner derzeitigen Position, aber umgeben von Licht vor. Locken Sie das Licht, bis es das Papier in der Nähe des Weihrauchs berührt. Betrachten Sie das Thema aus allen Blickwinkeln, lassen Sie es Ihr Wesen erfüllen, begreifen Sie, warum es dort ist, was Sie tun müssen und an wen Sie es weiterleiten sollten – wenn überhaupt an jemanden. Manchmal, wenn man es dieser Betrachtung unterzieht, stellt man fest, daß das Thema keinen Verdienst hat. In diesem Fall verwerfen Sie es.

Sollte es sich als eine zu schwierige Aufgabe erweisen, das Thema zu Papier zu bringen oder es im Geiste festzuhalten, so versuchen Sie es mit einer alternativen Methode. Wenn Sie Ihren Körper in die ›Power-House‹-Pose gebracht und mit Licht umgeben haben, stellen Sie sich ein Rad vor, das sieben Farbsegmente enthält: Rot, Orange, Gelb, Grün, Blau, Indigo und Violett, die Farben des Regenbogens. Drehen Sie das Rad. Wenn die Bewegung aufhört, sehen Sie Ihr Thema in einem der Segmente. Als erste Übung halten Sie nun daran fest, beobachten Sie es sorgfältig, und wenden Sie, wenn es richtig erscheint, die Heilkräfte darauf an. Und dann, wie zuvor, denken Sie darüber nach, wie Sie es zum Nutzen der anderen transferieren können.

Wenn die Zeit gekommen ist, die Meditation abzuschließen, enden Sie niemals plötzlich. Denn während der Geist gearbeitet hat, haben die physischen Sinne geschlafen. Wecken Sie sie sanft auf, während Sie noch immer die Power-House-Pose beibehalten. Lassen Sie das Bild verblassen, bis Sie nur noch Farben oder Licht sehen. Atmen Sie noch einmal tief ein, und lassen Sie Ihren Körper ins Leben zurückkehren, indem Sie Ihre Zehen, Finger, den Kopf, die Glieder und den Rumpf bewegen. Stehen Sie auf, und beenden Sie alles mit einem Glas kalten Wassers.

Wenn Sie Zeit und Lust haben, können Sie sich noch flach auf den Boden legen, bedeckt von Ihrer Meditations-Decke, und einschlafen. Beim Erwachen werden Sie sich stark, entspannt und glücklich fühlen.

Meditation kann sowohl bei Tage als auch bei Nacht praktiziert werden, jeweils mit unterschiedlichem Zweck. Die nächtliche Meditation dient für gewöhnlich dem Ziel, sich der Spiritualität zu öffnen, wohingegen die Tagesmeditation der physischen Energie gilt, der Stärkung von Körper und Geist sowie der Heilung. Die beste beider Welten kann erreicht werden, indem man bei Sonnenaufgang meditiert. Es ist nicht nötig, allein aufzubleiben, um darin zu schwelgen. Noch besser ist es, es mit Freunden zu tun. Ehe Sie sich in dieses euphorische Abenteuer stürzen, trinken Sie ein Glas Wasser, das der Nachtluft ausgesetzt war. Wenn Sie ein Elixier wünschen, legen Sie den Aquamarin, den Stein der Lebenskraft, in das Glas. Wählen Sie als Ausgangspunkt einen Hügel, eine Klippe oder einen anderen Ort, mit Ausblick auf den östlichen Horizont, und suchen Sie einen Platz, an dem Sie es bequem haben. Entblößen Sie Ihre Füße und Ihren Kopf, und legen Sie Ihre Kristalle neben sich. Nehmen Sie die Power-House-Pose ein, und achten Sie *streng* darauf, daß Ihre Handflächen den ersten Strahlen des Lichtes ausgesetzt sind, die die Sonne ankündigen und den Himmel erhellen.

Von nun an ist alles einfach, da Sie wie ein ›automatischer Pilot‹ handeln. Machen Sie weiter, genießen Sie die Atmosphäre des Sonnenaufgangs. Meditieren Sie und erkennen Sie, daß dies ein günstiger Augenblick zur Heilung anderer ist.

Die Meditation in der Abenddämmerung kann einen ebenso therapeutischen Effekt haben, vor allem, nachdem man den Sonnenuntergang beobachtet hat. Die einzige Vorbereitung, die ich persönlich dafür treffe: Ich trage ein Baumwoll-Stirnband, das einen Bergkristall und einen Splitter Azurit enthält. Ebensogut könnte man einen Kristallanhänger oder eine Kette tragen und den Azurit mit sich nehmen. Gemeinsam bilden diese Minerale geeignete Ione für die Periode zwischen Nacht und Tag, wenn die passive Seite der Natur sich anschickt, die aktive zu beherrschen.

Vor dem Meditieren gibt es grundlegende Regeln, die befolgt werden sollten. Aufgrund der eigenen negativen Vibrationen und anderer ist es klug, mit einem Bad anzufangen; da die Körpertemperatur während einer Meditation manchmal ein wenig absinkt, müssen Sie darauf achten, es warm und bequem zu haben. Versuchen Sie niemals, mit vollem Magen oder nach dem Konsum von Alkohol zu meditieren, und schon gar nicht in einem vollen Raum oder in Hörweite eines Streites oder einer Party.

Davon abgesehen gibt es keine Regeln. Meditation ist immer eine Therapie, mit oder ohne Steine. Moses versank in Meditation, ehe er die Zehn Gebote erhielt; auch die größten Weisen haben auf sie zurückgegriffen. Eines ist sicher: Der angehende Heiler mit Steinen wird wenig hilfreich sein, solange sein Geist keine Ruhe gefunden und er sich gesammelt hat, und genau dieses stellt die Meditation sicher, wenn sie richtig ausgeübt wird.

KOSTBARE STEINE, KOSTBARE GESUNDHEIT: DIE HEILENDEN STEINE

Alexandrit

Hier haben wir einen Stein mit verblüffenden optischen Eigenschaften. Tagsüber weist er eine intensiv grasgrüne Tönung auf. Bei künstlichem Licht verändert er sich und wird zu einem sanften Rot oder Erdbeerrosa. Da Grün die Farbe neuen Wachstums und Rosa die Tönung unvoreingenommener Liebe ist, könnte der russische Name für den Alexandrit, ›Stein des guten Omens‹, nicht passender sein.

Der Alexandrit ist positiv elektrisch geladen und bleibt so auch noch Stunden nach dem Reiben; außerdem verfügt er über einen Energiefaktor, der sich mit der Farbe verändert. Doch so stark dieser Stein auch aussieht, strahlt er doch Empfindsamkeit aus. Bei der physischen Heilung überspringt er das aktuelle Leiden und strebt direkt zur Wurzel des Übels, wirkt auf den Kopf und die Wirbelsäulenbereiche und sorgt für ein wirksames Gleichgewicht zwischen trocken und feucht, heiß und kalt. Wird er bei Tag und Nacht getragen, zeigen sich seine günstigen Eigenschaften schon bald. Der Kopf fühlt sich leichter an, das Gedächtnis wird verbessert, man sieht klarer, und die Nackenmuskulatur ist nicht mehr so verspannt.

Der Alexandrit ist teuer, weil er selten ist. Es handelt sich hier um eine Chrysoberyll-Varietät, die erst 1831 entdeckt wurde. Im Vergleich zu den meisten Edelsteinen ist seine Geschichte also kurz. Gewiß werden noch weiterhin Tests durchgeführt, um seine Wirksamkeit für die Naturheilkunde zu beweisen, doch hat er seinen Wert schon bewiesen. Er übermittelt inneren Frieden, indem er die Edelmut des Herzens entwickelt, und deshalb sollte er hochgeschätzt und extensiv genutzt werden.

Amethyst

Dieser Stein, der von jeher geschätzt wurde, sollte in der heutigen, hektischen Welt besonders geachtet werden, denn er heilt im Schlafe, fördert die Meditation und ist so unschätzbar zur Heilung und zum Trost jener, die unter Streß oder psychosomatischen Krankheiten leiden. Sogar Krebs kann, wie viele Forscher inzwischen erkannt haben, durch geistige Beanspruchung herbeigeführt werden, und der Amethyst, der seine Violettfärbung Eisenoxid verdankt, enthält genau das Element, das orthodoxe Mediziner einsetzen, um die Krankheit zu bekämpfen. Eisen ist eines der sechs aktiven lebenswichtigen Körperminerale. Es stärkt die Muskeln, bereichert das Blut und steigert die Widerstandskraft Infektionen gegenüber. Also hat der Amethyst auch hier eine wichtige Rolle zu spielen.

Er ist der Stein der Frömmigkeit, der seinen Träger davor bewahrt, der Trunksucht anheim zu fallen. Amethyst ist im Fischerring des Papstes und in den Bischofsringen gefaßt. Eduard der Bekenner (Eduard III., Anm. d. Ü.) trug ebenfalls einen Amethyst. Er befindet sich noch immer in der königlichen Sammlung und war einst als Amulett gegen ansteckende Krankheiten bekannt.

Früher glaubte man, daß ein Amethyst in der Nähe vergifteter Speisen seine Farbe verändere. Man führte dies auf die Tatsache zurück, daß seine einzelnen Kristalle unterschiedliche Farbtöne aufweisen. Er ist auf die höhere Sensibilität des Scheitel-Chakra eingestellt, das das zweite Gesicht anregt.

Zusammen mit *Hämatit* kann der Amethyst über ein Blutgerinnsel gebunden werden, das nach ungefähr vierzehn Tagen verschwindet. Manchmal ist die Heilung von Dauer, manchmal muß der Patient die Behandlung in Abständen wiederholen.

Wird Amethyst mit *Karneol* zusammen getragen, hemmt er den Überaktiven und auch den Dominierenden – daheim, bei der Arbeit oder im öffentlichen Leben. Sagte ich nicht gleich zu Anfang, daß es sich hier wirklich um den richtigen Stein für unsere Zeit handelt?

Aquamarin

Jede Energie hat ihre Farbe. und die Energie unserer Lebenskraft ist himmelblau. Dies ist die Farbe der Erde, wie sie aus dem All gesehen wird, und auch die Tönung, die sich im Blau des Aquamarins widerspiegelt.

Bei der Einschätzung der Gesundheit eines Menschen bedienen sich viele Kristallheiler des Aquamarin, um durch ihn die äußere Lebenskraft zu betrachten, die sich denjenigen, die sensibel genug sind, in Trillionen feiner, haargleicher blauer Pfeile darstellt. Wenn diese ausstrahlende Energie fest und von beständiger Kraft in ihrem Fluß ist (das heißt, wenn keine Flecken auftreten), dann ist alles gut. Ist sie hier und dort dünner, ist das ein Hinweis, daß die körperliche Kraft im Schwinden ist. In diesem Fall sollte die Heilung der inneren Zentren durch das Hals-Chakra angewandt werden, wobei der Aquamarin als Stabilisator benutzt wird. Wenn die blauen Pfeile kräftiger werden, beginnt sich der Patient zu erholen. Wenn die Lebenskraft darauf besteht, den Körper zu verlassen, mit anderen Worten, wenn dieser Mensch im Sterben liegt, kann der Aquamarin den Tod für eine kleine Weile aufhalten, bis der

Sterbende vorbereitet ist. Aber der Heiler muß mit großer Sorgfalt vorgehen. Wenn die Lebenskraft zulange festgehalten wird, leidet der sterbende Mensch.

Der Aquamarin führte einmal den Namen ›Alles Leben‹. Die Römer schätzten seine natürliche, sechsseitige Form und trugen deshalb ihre Aquamarinohrringe, einen beliebten Schmuck, mit ungeschliffenen Kristallen. Sie verstanden nicht, daß ein Stein geschliffen oder sogar pulverisiert werden und noch immer seine ursprünglichen Eigenschaften beibehalten kann. Die inneren ›Aufbaublöcke‹ des Steines aus Atomen und Molekülen sind noch ebenso präsent wie zuvor. Aquamarin ist ein Stein, dem man zuhören muß, der nicht ›herumgescheucht‹ werden darf. Seine Kraft hängt ab von der Empfänglichkeit seines Besitzers, und der Stein arbeitet auf dem Niveau, das er (oder sie) erreichen kann.

Abgesehen von den Eigenschaften, die ihm in der Vergangenheit zugeschrieben worden sind, haben heutige Heiler festgestellt, daß dieser blaue Wunderstein das Augenlicht verbessert, Augenbrennen beruhigt, ein wirksamer Balsam für geschwollene Füße und ein feines Beruhigungsmittel bei aufgewühlten Emotionen und Nerven ist. Die flüssige Essenz verfeinert den intuitiven Geist und entfernt unschöne Vibrationen.

Aventurin

Mit seiner sanften Energie und der leicht irisierenden, metallischen Schönheit wurde dieser Stein von dem Meister und Designer Carl Fabergé (1846 – 1920) und auch von den Chinesen auf wunderschöne Art genutzt. Seine weniger praktikablen Anwendungen wurden in jüngster Zeit jedoch, wie auch beim Karneol, übersehen.

Der Aventurin kann von bräunlicher Farbe sein, wenn er der Feldspat-Familie angehört, und heißt dann *Sonnen-*

stein; ist er gelbbraun oder grünlich-gelb, ist er als *Aventurinquarz* bekannt. Beide Varietäten wirken als allgemeines Stärkungsmittel auf der physischen Ebene, mit besonderer Anwendung für das zentrale Nervensystem.

Auf einer höheren Ebene handelt es sich hier um einen Stein zur Meditation, der außerdem die Geschmeidigkeit des Geistes fördert.

Azurit

Der Azurit kann die Fluttore der kosmischen Wahrheit öffnen und seinen Trägern den wesentlichen Sinn des Lebens erschließen. Als solcher ist er ein Stein für hochentwickelte Seelen. Die Menschen werden in ihm eine Hilfe für ihre psychische Entwicklung sehen, werden aber auch entdecken, daß seine Wirkung nur begrenzt anhält. Denn langsam, aber unausweichlich wandelt sich dieser königs- bis mitternachtsblaue Stein zu einem anderen Mineral, dem leuchtendgrünen Malachit.

Als Azurit jedoch öffnet er Kanäle, die seine Träger fürchten. Vor allem kann er die Öffnung des ›dritten Auges‹ bewirken, das seinen Besitzer befähigt, das Nahen guter und böser Ereignisse zu sehen und zu fühlen. In derselben Weise kann er dazu benutzt werden, die Energie positiver und negativer Vibrationen von seinem Manipulator auf eine andere Person zu übertragen.

Von den Kräften des Azurit auf der Ebene physischer Heilung ist nur wenig bekannt, aber sein Markenzeichen ist die Harmonie und die Förderung von Sympathie und Sanftheit in all ihren Formen. So kann er dem physischen Heiler eine Hilfe sein, wenn das Leiden seines Patienten durch Enttäuschung oder Haß hervorgerufen wurde.

Als *Malachit* hilft dieser Stein jenen mit Verkalkung. Aber als Azurit scheint er fast ausschließlich auf der geistigen Ebene zu wirken.

Bergkristall

Für die Griechen war der Bergkristall heiliges Wasser, das die Götter des Olymp hatten gefrieren lassen. Für die Japaner verkörperte er den festgewordenen Atem und den Speichel ihrer heiligen Drachen, die von den Künstlern für gewöhnlich weiß oder violett dargestellt wurden. Im Laufe der Jahrhunderte hat er von prinzlichen Diademen und kirchlichen Kronen herabgefunkelt und schimmerte ernst zwischen den Urnen und Grabsteinen in eindrucksvollen Grabgewölben.

Quarz wird meist kugelförmig geschliffen, und diese sorgfältig gearbeiteten ›Kugeln‹ wurden einst dazu verwendet, Vieh zu heilen, bessere Ernten hervorzubringen und Regen oder auch die Wärme der Sonne auf die Erde herabzuflehen.

Der Bergkristall war und ist der beliebteste Stein zum Wahrsagen, denn das Leuchten dieses reinen Quarzes läßt den Sehnerv schnell erstarren, mit dem Ergebnis, daß Eindrücke von außen unterdrückt werden und das Auge frei ist, um zu betrachten, was im Innern zu sehen ist. Diese Tatsache, ebenso wie die Energie, die sich im Quarz befindet, sind der Grund für die übermächtige Heilkraft. Seine Vibrationen, die ungefähr bei Raumtemperatur beginnen, greifen den Dreivierteltakt auf und verleihen diesem Mineral eine koordinierende Rolle bei jeglicher ganzheitlichen Behandlung. Ob er nun von einem Menschen gehalten, einem Tier aufgelegt oder in der Nähe einer Pflanze untergebracht wird, der Bergkristall vergrößert die Aura von allem in seiner Nähe. Er verstärkt sogar die Heilkräfte anderer Mineralien.

Heiler, die durch Berührung und nicht mit Hilfe von Edelsteinen arbeiten, stellen dennoch häufig fest, daß sie schnellere Ergebnisse erzielen, wenn der Patient ein Stück klaren Kristalls in der Hand hält. Dies liegt daran, daß das

Mineral die Energie anregt und Chakra-Blockaden behebt. Das Kristallsehen mit Quarz hat darüber hinaus auch noch einen heilenden Aspekt, denn die Meditation und die Entwicklung des höheren Selbst werden erleichtert, wenn äußere Ablenkungen fortfallen und statt dessen Kanäle zur Übermittlung von Energie vom Heiler auf den Patienten geöffnet werden. Kurz gesagt, dieser verbreitete und nicht teure Stein nimmt im Universum der Edelsteine eine Position von einzigartiger Wichtigkeit ein.

Bernstein

Dieses von der Zeit gehärtete Harz wird zu Recht mit Heilkräften in Verbindung gebracht. Retsina, der geharzte, griechische Wein, lindert schmerzende Kehlen ebenso wie er depressive Geister heilt, während die Natur einen Weg gefunden hat, die verwundete Vegetation zu heilen: mit der eigenen Absonderung der Pflanze. Die alten Salben, die aus pulverisiertem Bernstein bestanden, der mit verschiedenen Kombinationen von Ölen gemischt war, wurden auf Wunden aufgetragen; die wahre Kraft dieses Steins liegt in der Heilung von Brustbeschwerden wie Asthma, Bronchitis, Husten, Halsschmerzen, Kopfschmerzen (die durch Brust- und Halsentzündungen hervorgerufen werden) und Zahnweh.

Es gibt moderne Heiler, die auf die alte Sitte zurückgreifen, pulverisierten Bernstein mit Honig zu mischen zur innerlichen Anwendung. Hüten Sie sich davor! Hierbei handelt es sich häufig nur um Geldschinderei, und es kann für diejenigen, die es nehmen, gefährlich werden. Bernstein heilt hervorragend bei äußerlicher Anwendung, und nur so sollte er benutzt werden.

Zu Heilzwecken sollten Sie ihn auf der Grenze zwischen Brust und Ohr (Schlüsselbein) tragen; wenn Sie zunächst seine Wirkung erproben wollen, stecken Sie ihn in eine

Brusttasche oder einen Seidenbeutel, den sie locker um den Hals tragen. Bedecken Sie auf keinen Fall das Hals-Chakra – für diesen Bereich hat Bernstein die falschen Vibrationen. Ebenso sollten Sie nicht über einen längeren Zeitraum ein großes Stück Bernstein bei sich haben. Bernstein tendiert dazu, die Energie des Trägers innerlich kreisen statt nach außen strömen zu lassen, und hemmt so die körperliche Kraft des Besitzers.

Richtig angewandt bringt er nur Vorteile. Für Meditationszwecke sollten Sie nur die klar fluoreszierende Art benutzen, wie sie in der Dominikanischen Republik und auf Sizilien gefunden wird. Opake Varietäten sind sanfter im Charakter und fördern das Verständnis für andere, wahrscheinlich, weil sie Trillionen von mikroskopisch kleinen Luftbläschen enthalten und möglicherweise auch Tröpfchen aus Wasser und/oder Calcit. Viele Schauspieler und Schauspielerinnen tragen Bernstein und Amethyst-Kombinationen auf der Bühne. Sie sind davon überzeugt, daß diese Steine ihnen bei der Aufführung helfen.

Gepreßter Bernstein, eine Masse aus kleinen Stücken, die unter sanfter Hitze verschmolzen wurden, hat fast dieselbe Wirkung wie die natürliche Form. Dasselbe gilt auch für die sogenannten Einschlüsse – also Bernstein mit kleinen Insekten darin, mit Vogelfedern, Tannennadeln, Blumen und allem anderen, das die einst klebrige Substanz einbalsamiert hat. – Vor nicht langer Zeit wurde ein Exemplar gefunden, das eine große Echse einschloß. Als es auf Heilzwecke hin getestet wurde, stellte man fest, daß es über eine heftige, negative Energie verfügte!

Blue John

Es gibt einen merkwürdigen Glauben, der schon viele Jahrhunderte alt ist, nach dem die Geister von Fehlgeburten voll Verzweiflung und Verwirrung die Welt durchstreifen, immer auf der Suche nach einer irdischen Mutter, die sie nähren kann. Die Mutter verliert, wenn sie gefunden wird, auf geheimnisvolle Weise ihre Kraft. In den letzten Jahren sind einige erstaunliche esoterische Kuren durchgeführt worden, und zwar mit dem gestreiften Fluorit als Medium, der als Blue John bekannt ist. Mit ihm haben Kristallheiler das Blut der ›Mutter‹ behandelt, ehe es das Geisterkind erreichte. Sobald dies geschehen ist, wird das ›Kind‹ geboren, und sowohl die Frau als auch das Kind können durch einen esoterischen Schnitt von der geistigen Nabelschnur befreit werden.

Es gibt auch einen wissenschaftlichen Grund für die Wirksamkeit des Steines. Er liegt darin, daß Fluorit im Laboratorium mit Säure erhitzt werden kann, um dann Blasen mit säurehaltigem Gas zu bilden. Der Stein kann außerdem auf ähnliche Weise vom Kristallheiler stimuliert werden. Aber während der Blue John seine Arbeit tut, werden auch andere Steine benötigt: *Aquamarin* für die Lebenskraft; *Magnetit* für die Polarisierung (das heißt für die Ausrichtung der Wirbelsäule gemäß den magnetischen Kräften der Erde); und *Dioptas,* um das Herz zu kräftigen. Diese sind für die ›Mutter‹. Aber auch der Kind-Geist, der jetzt freigesetzt ist, muß behandelt werden, wie es der Heiler für richtig hält. Kein anderes Fluorit arbeitet mit solchem Erfolg wie der Blue John, wenn es darum geht, Frauen von den Auswirkungen geheimnisvoller Schwächen zu heilen. Zweifellos liegt das an dem konzentrischen purpurblauen Band des Blue John, von dem man heute annimmt, daß es durch radioaktive Strahlen verursacht wurde.

Blue John bringt außerdem Medien und andere Sensiblen, die überarbeitet sind, Erleichterung. Wenn Sie auf dem Lande leben oder in irgendeiner unverseuchten Gegend, können Sie auch ein Stückchen Blue John in einer Schüssel mit Leitungswasser über Nacht in der frischen, reinigenden Luft vor dem Haus stehen lassen. Das Ergebnis ist ein ausgezeichnetes Schnäpschen.

Bowenit

Dieser Stein, der häufig auch ›Die sanfte neue Jade‹ oder ›Koreanische Jade‹ genannt wird, ist eine ungewöhnliche, durchsichtige bis durchscheinende harte Varietät des Serpentin. Für gewöhnlich ist er blaßgrün mit einem Hauch von Gelb; die neuseeländische Varietät ist von einem prachtvollen tiefen Grünblau. Wie auch immer seine Farbe ausfällt, dieser Stein ist unschätzbar wegen seines Gehaltes an Magnesium. Man weiß, daß der menschliche Körper einundzwanzig Gramm dieses Minerals enthalten soll. Liegt der Magnesiumanteil darunter, setzen Depressionen und Schlaflosigkeit ein. Der Bowenit hilft, beide zu kurieren. Außerdem hilft er bei Verdauungsstörungen und wirkt generell als Antiseptikum.

Bowenit ist ein wichtiger Stein des Hals-Chakras. In Verbindung mit einem *Chrysopras* hat er die zusätzliche Eigenschaft, spirituelle Visionen zu fördern und die Wahrnehmungsfähigkeit des Trägers zu schärfen.

Chalkopyrit und Bornit

Diese Steine gehören zusammen wie der sprichwörtliche Tod und Teufel. Chalkopyrit wird Jupiter, Bornit mit der Venus in Verbindung gebracht. Werden sie kombiniert angewandt, können sie helfen, einen der quälendsten und frustrierendsten Geisteszustände zu beheben, nämlich den der chronischen Unentschlossenheit. Hüten Sie sich jedoch davor, sie heranzuziehen, um mit dem Leben anderer Menschen zu spielen. Sowohl Jupiter als auch Venus sind leidenschaftlich gerechtigkeitsliebende Planeten. · Jeder boshafte Hokuspokus könnte auf Sie selbst zurückfallen!

Chalkopyrit und Bornit werden von Medien benutzt, um Kontakt zu den Toten aufzunehmen. Doch sind sie nur unter zwei Voraussetzungen wirksam: Erstens muß der Gerufene erst kürzlich verstorben sein und dem Medium persönlich nahe gestanden haben; zweitens sollte der Verstorbene ein Vorhaben noch nicht abgeschlossen haben, dessen Vollendung wirklich dringend ist.

Es ist wichtig daran zu denken, daß Chalkopyrit und Bornit wesentliche Kupfererze sind, eines Minerals also, das für unseren Körper wichtig ist, um die Aminosäure Tyrosin zu aktivieren, an der Pigmentation unseres Haares und unserer Haut zu arbeiten. Kupfer trägt außerdem dazu bei, das körpereigene Eisen in das sauerstofftransportierende Pigment zu verwandeln, das sich in den roten Blutkörperchen befindet. Da Chalkopyrit und Bornit nicht nur reich an Kupfer sind, sondern auch einen gehörigen Bestandteil an Eisen enthalten, profitieren Menschen, die an Anämie und Ödemen leiden – zwei Krankheiten, die auf einen Mangel an Kupfer und Eisen zurückzuführen sind – offensichtlich von ihren Eigenschaften.

Es ist eine altbekannte Tatsache, daß Vitamin E und Vitamin C zerstört werden, wenn man Essen in Kupfertöpfen kocht oder erhitzt, so stark ist die Wirkung dieses Minerals. Auch hält sich Kupfer im Körper eines Toten noch lange, nachdem die anderen Minerale bereits verschwunden sind.

Sowohl Chalkopyrit als auch Bornit können sich ausgesprochen günstig auf den Ablauf unseres täglichen Lebens auswirken. Doch ihre Energien sind so mächtig, daß sie in kleine Stücke zerspringen, wenn man sie eine gewisse Zeit benutzt hat.

Chrysokoll und Eilatstein

Hier haben wir zwei Minerale, die nicht häufig zur physischen Heilung herangezogen werden, die aber in Tests gezeigt haben, wie wirksam sie gegen Knochenschwäche und

mangelnde Pigmentierung der Haut und der Haare eingesetzt werden können. Diese Minerale, die beide auf Kupfer
basieren, unterstützen gleichermaßen die Aufnahme von
Vitamin C in den Körper und die Eisenassimilation.

Auf geistiger Ebene können sowohl der Chrysokoll als
auch der Eilatstein Angriffe von niederen Wesen wie Pol-
tergeistern abwehren. Sie sind wirkungsvolle ASW-
(außersinnliche Wahrnehmung-)Agenten, die arbeiten,
wenn man das Hals-Chakra eröffnet.

Im Idealfall, so will es die Tradition, sollten diese beiden
eng miteinander verwandten Steine zuerst als Geschenk in
den Besitz einer Person gelangen.

Chrysopras

Er gilt als einer der widersprüchlichsten Steine in der
Natur. Die Farbe des Chrysopras, die vom durchscheinenden Smaragdgrün über Apfelgrün bis zu Gelbgrün reicht,
ist auf das Vorhandensein von Nickel zurückzuführen,
einem Metall, das Ursache vieler Allergien ist. Doch der
Chrysopras reinigt seine Träger sowohl physisch als auch
geistig, von der niedrigsten Ebene an aufwärts.

Sowohl aufgrund seines ausströmenden Einflusses, der
innere Klarheit und Disziplin fördert, als auch seiner Farbe
wird dieses schützende und wirklich schöne Mineral häufig mit dem Jadeit aus Oberbirma verglichen, obwohl der
Chrysopras der Fähigere ist, wenn es darum geht, negative
Vibrationen abzuwenden, ehe sie die höheren Sinne erreichen. Als Schmuck wie auch als Streichstein korrigiert dieses Mineral Nervenkrankheiten, kräftigt das Gehirn vor
Aktivitätsausbrüchen, beruhigt Menschen, die an Krämp-
fen und Hysterie leiden und vertreibt Ängste. Seine ›Wach-
hund‹-Persönlichkeit schützt seinen Besitzer vor übertrie-
ben heftigen Reaktionen und sondert widersprechende
Tatsachen aus, bis ein Gleichgewicht erzielt ist.

Die nickelfarbene Varietät dieses Edelsteins, die gefragteste, kommt aus Australien. Aber hier, wie überall, ist die persönliche Auswahl wichtig, und mancher zieht vielleicht die helleren Arten vor, die in den USA, im Ural und in Brasilien gefunden werden. Auch ein Chrom-Chalcedon aus Simbabwe, der *Mtorodit,* ist auf dem Markt. Dieser Stein ähnelt, abgesehen vom Farbstoff, dem Chrysopras, aber im Gegensatz zu diesem muß er erst noch heilende Wirkung vorweisen.

Eine sonderbare Eigenschaft des Chrysopras ist die Treue seinem Besitzer gegenüber. Wenn er den Besitzer wechselt, oder wenn ein Besitzer gestorben ist, kann es sein, daß er im Besitz eines Fremden keinerlei Reaktion zeigt. Zweifellos ist dies der Grund dafür, daß dieser persönlichste aller Edelsteine in der Eisenzeit in Japan mit den Toten begraben wurde.

Diamant

Als reinste Substanz der Natur und als eine der härtesten (Zehn von Zehn auf der Mohs-Skala), kann der Diamant zu den saubersten und schärfsten Kanten geschliffen werden, und so hat er dazu beigetragen, eines der Wunder der modernen Medizin zu ermöglichen, die Mikro-Chirurgie.

Eine Diamantklinge anstelle der herkömmlichen aus rostfreiem Stahl zu benutzen, bedeutet für einen Chirurgen dasselbe, als wenn man beim Steuern eines Autos von einem handbetriebenen Lenkrad zu einer Servolenkung überwechselt. Sie erfordert so gut wie keinen Druck, so daß nur sehr wenig Narbengewebe zurückbleibt, wenn die Wunde verheilt ist, und die glatte Schneide begrenzt die Blutung auf ein Minimum. Auch Blutergüsse und Schmerzen nach dem Eingriff werden in großem Maße reduziert. Sowohl blaue als auch gelbe Diamanten der besten Qualität werden hierbei benutzt. Doch am besten sind die erstklassigen, klaren, weißen Steine. Wird zusätzlich zu dem Titanhalter an der Klinge noch ein *fibre-optic*-Licht angebracht, ermöglicht dies dem Chirurgen eine klare Sicht sowohl von der als auch durch die Klinge, was bei tiefen Operationsschnitten von unschätzbarem Wert ist.

Die Kosten verhindern leider, daß diese Wunderklingen allgemein benutzt werden; und auch als Instrument bei der ganzheitlichen Heilung schließen die hohen Kosten den Diamanten aus; denn nur wenige können sich den Zwei-Karat-Stein leisten, der der kleinste ist, der ein Ergebnis hervorbringen kann. Ein ungeschliffener Diamant von reiner Qualität könnte benutzt werden, aber diese Steine sind schwer zu bekommen. Industriediamanten, die leicht zu erwerben sind und auch bezahlbar wären, haben eine so schwache Lichtbrechung, daß sie nutzlos sind.

Die Tradition schreibt dem Diamanten einen großen Bereich von Heilkräften zu, von der Heilung des Irrsinns bis zur Vertreibung des Teufels. Man glaubte, daß er Mut mache und vor allem Langlebigkeit garantiere. Dank der Kohle, dem einzigen Element seiner Zusammensetzung, wurde er auch als Impfstoff geschätzt. Kein anderer Stein kommt ihm an Härte, Glanz und Lichtbrechung gleich. Wird er gerieben, lädt er sich positiv elektrisch auf.

Zu guter Letzt ist der Diamant ein Liebespfand. Doch sein Ruf als ›bester Freund eines Mädchens‹ sollte nicht nur den übertriebenen Marktwert des Diamanten betreffen, vielmehr bietet dieser prachtvolle Edelstein aufgrund seiner Reinheit und Härte den Beweis der Vollkommenheit in einem einzigen Element.

Dioptas (Kupfer-Smaragd)

Dieser Stein konkurriert mit dem Smaragd sowohl in der Schönheit seiner Farbe als auch in der ganzheitlichen Heilwirkung. Sein metallisches Element, das Kupfer, ist eine

Substanz, die – in Kombination mit Eisen – Müdigkeit verhindert und Widerstandsfähigkeit gegen Krankheit fördert.

Zu ganzheitlichen Heilzwecken sollten Dioptase-Anhänger auf der Mitte der Brust getragen werden. Alternativ dazu kann ein Klumpen aus ungefaßten Dioptase-Kristallen täglich ungefähr fünf Minuten lang in der linken Hand gehalten werden, denn der Mittelfinger dieser Hand führt direkt zum Herzen. Das Herz ist Sitz der Emotionen und aller hochherzigen Empfindungen, außerdem Quell aller physischen und geistigen Kraft – wenn es gesund ist.

Der Dioptas beschränkt seine heilenden Kräfte nicht nur auf die Menschen. Kranke Tiere, Vögel und Pflanzen sind schon von ihm geheilt worden. Zwei Vögel, um die sich die Verfasserin gekümmert hat, wurden in Dioptas-Licht getaucht, dazu wurde die bereits beschriebene esoterische Technik des Heilens angewandt, zwei Minuten täglich, und schließlich wurden kleine Kristalle im Krankenrevier plaziert. Bald schon waren die beiden Geschöpfe auf dem Weg der Besserung. Die Pflanzen wurden auf ähnliche Weise in dem reichen, grünen Feuer gebadet, ehe sie in Wasser getaucht wurden, das auf esoterische Art mit Dioptas versetzt worden war. Ein Kater, ein verängstigter Streuner mit einem entsetzlichen Abszeß auf der Stirn, ließ niemanden in seine Nähe. Das Tier wurde im Geiste in stündlichen Intervallen drei Wochen lang mit Dioptas umgeben. Wieder wirkte die Behandlung. Es dauerte nicht lange, und der Kater lief wieder munter herum. Ein kahler Fleck vollkommen verheilter Haut war dort zu sehen, wo bislang ein infiziertes Loch geklafft hatte.

Obwohl Dioptas so spröde ist, daß er nicht geschliffen werden kann, ist so mancher prächtige tiefgrüne Anhänger um natürliche Dioptas-Kristalle herum gearbeitet worden. Diese Farbe wird mit nicht-körperlichen Kräften in Verbindung gebracht; der Dioptas selbst schärft die ASW-Fähigkeiten und fördert die Führung von höherer Ebene.

Granat

Schwarz, Rosarot, Gelbbraun, Orange oder Grün – unter all diesen Farben können Sie wählen, wenn Sie sich für einen Granat entscheiden, der weniger als einzelner Stein, sondern mehr als Mitglied einer großen Familie von Edelsteinen gesehen werden sollte. Doch alle Granate haben folgendes gemein: Sie enthalten von fast allen Metallen ein wenig, setzen sich aber in erster Linie aus Aluminium, Silikon und Sauerstoff zusammen. So lassen sich verschiedene Steine finden, um verschiedenen Patienten und Heilern zu helfen. Vom ganzheitlichen Standpunkt aus können alle als einer klassifiziert werden.

Die heilenden Eigenschaften des Granat sind die eines Ritters in glänzender Rüstung. Er sendet seine Vibrationen direkt an die Front aus, wo andere Steine keinen Eindruck gemacht haben, und ist ausgesprochen effektiv, wenn es darum geht, Depressionen zu vertreiben und den Willen des Patienten zu stärken, geheilt zu werden. Er ist gut für die Behandlung von Arthritis und anderen Leiden, die auf Verkalkungen zurückzuführen sind. In letzter Zeit wurde er außerdem dazu herangezogen, kinderlosen Paaren zu helfen. Dabei hilft sein hoher Metallanteil, und er geht den Kinderwunsch der Paare sowohl physisch als auch emotional an.

Wird er bei der Meditation herangezogen, bewirkt er ein Gefühl der Erleichterung von materiellen Lasten, bringt dem Geist Ruhe und Frieden, arbeitet aber offensichtlich mehr über die Logik als über die spirituellen Eigenschaften. Trägt ein hyperaktives oder unruhiges Kind ihn in der Tasche oder an einer Perlenkette, lenkt der Granat die Energien in ruhigere Bahnen.

Zwei Varietäten des Granat werden auf ihre eigene Art genutzt: Der orangefarbene Stein stärkt die Basis der Wirbelsäule, der grüne kräftigt das Herz.

Heliodor

Dieser zitronen- bis dunkelgelbe transparente Kristall steht im Ruf, ein unbestechliches Medium spiritueller Erleuchtung zu sein.

Der Heliodor, der häufig Radioaktivität aufweist und von dem man annimmt, daß er seine Farbe dem Eisen verdankt – beides wird von der Sonne abgegeben –, ähnelt tatsächlich einem großen Stück goldenen Lichts, und beim Heilen strahlt er eine entsprechende Wärme aus. Er tröstet, er verjüngt und erlangt seine besondere Kraft durch seine Fähigkeit, Bewußtsein und Unterbewußtsein miteinander in Einklang zu bringen.

Obwohl der Heliodor über den Solarplexus arbeitet, gehört er eigentlich zum Kreislaufsystem und zum Herz, wo er daran arbeitet, das innere Selbst und den Intellekt zu fördern.

Heliotrop (Blutstein)

Mit einer Energie, die mächtiger ist als die des Mars, aber dennoch mit diesem Planeten verwandt, kann der Heliotrop mit seinen Spuren von plutonischem Einfluß zu schwer auf dem Geist lasten. Aus diesem Grund sollte er beim Heilen immer in Verbindung mit *Bergkristall* und *Rosenquarz* benutzt werden, die seine bedrückenden Auswirkungen lindern.

Dieser Stein, der Eisenunreinheiten einschließt, arbeitet mit dem Blutstrom gegen Krämpfe und Benommenheit. Seine Eigenschaften ermöglichen es ihm auch, tief verwurzelte Krankheiten zu durchbrechen und als Gegenmittel gegen Aggression, Besessenheit und Gewalttätigkeit zu wirken. Außerdem fördert der Heliotrop ein sonniges Gemüt, da er den Abfall aus den Chakras fegt.

Jade und Jadeit

Jade und Jadeit sind zwei vollkommen verschiedene Minerale von unterschiedlichem Heilwert, aber sie werden häufig miteinander verwechselt und oft sogar für ein und denselben Stein gehalten. Aus diesem Grund erscheint es vernünftig, sie gemeinsam aufzuführen, um so ihre Ähnlichkeiten und Unterschiede besser unterstreichen zu können.

Wie die meisten Edelsteine enthalten sowohl Jade als auch Jadeit Silikon und Sauerstoff. Darüber hinaus gehört zur Zusammensetzung der Jade noch Magnesium und Kalzium, während Jadeit Natrium und Aluminium enthält. Jade besteht aus einer Unmenge fibröser, haarähnlicher Kristalle, während die Jadeit-Kristalle körnig sind.

Jade enthält drei der Minerale, die der Körper am dringendsten benötigt: Kalzium, Eisen und Magnesium; so ist sie ein natürliches Medikament für diejenigen, die unter Bluthochdruck oder Diabetes leiden, aber auch für Menschen, die Kreislauf- und Herzprobleme haben oder Schwierigkeiten mit der Niere. Schwangere und stillende Frauen sollten Jade tragen, denn ihrem Körper werden Kalzium, Eisen und Magnesium entzogen.

Jadeit, dessen smaragdgrüne Varietät einen Hauch von Chrom neben all den anderen Mineralien aufweist, ist ein Mittel zur Kräftigung der Muskeln. Außerdem behebt es Schweißausbrüche, lindert die Auswirkungen eines Sonnenbrandes und ist, genau wie die Jade, ein ausgezeichnetes Mittel gegen hohen Blutdruck.

Sowohl Jade als auch Jadeit bringen Frieden durch Heiterkeit und reinigen die Energiezentren. Die grüne Farbe beider Minerale stärkt das Herz-Chakra, während die rosarote Varietät des Jadeit Ergebenheit hervorruft und Schwärmerei begünstigt.

Jade und Jadeit leiten ihren Namen von dem spanischen Wort für ›Kolik‹ ab. Die Konquistadoren nannten sie *jada,* nachdem die Mexikaner ihnen gezeigt hatten, wie man damit Magenbeschwerden beheben konnte, indem man das betroffene Gebiet mit Jade rieb.

Jaspis

Diese opake Varietät des Quarz war bei unseren Vorfahren sehr beliebt, weil sie das Gift aus Schlangenbissen zog. In früheren Zeiten wurde Jaspis darüber hinaus als Regenbringer verehrt; man glaubte außerdem an seine blutdrucksenkende Wirkung, wenn man das Abbild eines Löwen in den Stein eingravierte.

Heute hat er seine Beliebtheit als Heilstein fast verloren. Trotzdem kann er noch immer jenen helfen, die unter Emotionen leiden, ganz gleich, ob diese nun durch Schuldgefühle, den Verlust eines geliebten Menschen oder Zukunftsangst ausgelöst werden. Seine Macht, solche Leidenden zu stärken und zu trösten, ist erwiesen.

Jett (Gagat)

Dieser intensiv schwarze Stein entstand vor ungefähr einhundertachtzig Millionen Jahren, als Äste und Stämme riesiger Schuppentannen, die damals überall wuchsen, umstürzten und in stehende Gewässer fielen oder von der Strömung ins offene Meer hinausgetragen wurden. Das wassergetränkte Holz sank schließlich an den Grund, wo es von mineralreichem Schlamm und verfallendem Leben bedeckt wurde; beide lasteten auf dem Stein-Embryo und riefen chemische Veränderungen hervor.

Jett enthält zwölf Prozent Mineralöl. Außerdem weist er Spuren von Schwefel, Aluminium und Silikon auf, die von der Haut absorbiert werden, wenn der Stein getragen wird. Wird der Jett gerieben, entwickelt er statische Elektrizität. Stark erhitzt, beginnt er zu brennen, wobei er einen beißenden Geruch verströmt. Personen, die an Schnupfen oder unter Atemschwierigkeiten leiden, sollen die Essenz brennenden Jetts inhalieren. Früher wurde der Stein auch gegen Zahnschmerzen, Kopfschmerzen, Epilepsie, lockere Zähne und geschwollene Füße verordnet.

Es gab auch eine Zeit, da wurde Jett zum Test der Jungfräulichkeit herangezogen. Dazu wurde der Stein drei Tage lang in Wasser oder Alkohol gelegt, dann entfernt, und schließlich wurde das Elixier der Dame verabreicht, deren Jungfräulichkeit in Frage gestellt wurde. War das Ergebnis Diarrhöe, wie man es wohl erwarten konnte, war der Test negativ. In Spanien wird der Jett immer noch getragen, um den Bösen Blick abzuwenden. Dazu wird er in eine Form gebracht, die als *Higa* bekannt ist und eine Hand darstellt, die zwischen zwei Fingern die Sonne hält. Wird er heutzutage auch als Glücksbringer vernachlässigt, so galt er doch während der gesamten Bronzezeit als eines der magischsten Amulette und Talismane.

Karneol

Einst eine Zier in König Salomons Brustpanzer, klärt dieser nun zu Unrecht übersehene Stein den Geist, macht ihn frei für tiefe Konzentration und reinigt, wenn er mit dem *Amethyst* gekoppelt wird, das Bewußtsein; er verkehrt negative Haltungen und entwickelt höhere geistige Bewußtheit. In der Meditation führt er zu besserem Verständnis der wahren Bedeutung des Lebens und bietet damit einen Schlüssel zur Weisheit.

Da beide, sowohl der Karneol als auch der Amethyst, ihre Farbe vom Eisen erhalten, können sie kombiniert benutzt werden, um den Blutstrom zu begünstigen, Depressionen zu bekämpfen und ihren Besitzern zu helfen, ihre Trägheit abzuschütteln und agil und wachsam zu werden.

Koralle

Angefüllt mit negativen Vibrationen, einem Erbe der Korallentaucher, tut dieser Edelstein aus dem Ozean doch sein Bestes; seine Heilkräfte, die vor allem bei verkalkten Gliedern und Hautunreinheiten wirken, sind seit Urzeiten anerkannt.

Astrologisch gesehen wird die Koralle dem Mond zugeordnet, wie es ihrer wäßrigen Genesis entspricht. Bei positiver Plazierung kann sie einen günstigen Einfluß auf jeden haben, der unter demselben herrschenden Planeten geboren ist. Ist sie jedoch negativ aspektiert, kann sie Streitlust und Depressionen hervorbringen.

Diejenigen, die die Koralle für einen hübschen Schmuck halten, sollten der Tradition folgen und die natürliche Form respektieren. Das heißt, sie als Stückchen von Zweigen oder abgeschnittenen Stielen zu tragen, und nicht zu Kugeln geschliffen.

Achat-Koralle ist ein völlig anderer Edelstein, bei dem das ursprüngliche Calcit im Laufe geologischer Veränderungen durch feinkörnigen Quarz ersetzt wurde, bei dem jedoch der schützende Charakter der Koralle erhalten geblieben ist. Achat-Koralle beruhigt die Nerven, hilft dem Verdauungssystem und schafft physische Harmonie von sanfter, aber durchdringender Art.

Labradorit

Haben Sie Probleme, tragen Sie Labradorit. Tragen Sie eine Scheibe oder ein Stück dieses Steines in Ihrer Tasche, legen Sie es hinter Ihren Kopf, während Sie schlafen – wo immer Sie wünschen. Achten Sie darauf, daß Licht auf seine irisierenden Farben fällt, die den Flügeln eines tropischen Schmetterlings Konkurrenz machen.

Diese wunderschöne Abart eines gewöhnlichen Feldsteins weist innerlich eine Struktur von mehreren Schichten mikroskopisch kleiner Kristalle auf, die Seite an Seite, Kopf an Fuß liegen. Die hellgraue, durchscheinende Varietät dieses Steines erzielt bessere Ergebnisse als die dunkle, opake Art. Im ersteren Fall spielt das Licht wirksamer mit den Kristallen, die aufgrund der optischen Einwirkung gelbe, rosa, grüne, blaue und violette Farben in unterschiedlichen Schattierungen hervorbringen.

Im Labradorit sind auch winzige Eiseneinsprengungen. Diese sind hilfreich bei Wirbelsäulenverkrümmung und bringen die Rückenwirbel in eine Linie mit dem magnetischen Nord- und Südpol der Erde, eine Wirkung, die als Polarisierung bekannt ist. Wird der Stein zu Heilzwecken herangezogen, sollte man mit den Speisen Salz zu sich nehmen. Die Heilwirkung dieses Edelsteins wurde erst in jüngster Zeit erkannt; er ist der Stein der Gegenwart und Zukunft.

Lapislazuli

Dieser Edelstein enthält Fleckchen messinggelben oder silberfarbenen Eisens und manchmal auch Gold. Tatsächlich handelt es sich um eine Mischung aus fünf verschiedenen Mineralien, die ihn technisch gesehen zu einem Gestein machen, nicht zu einem Stein.

Seine korrektive Energie richtet sich auf das Selbst und schützt den Träger während des Prozesses geistiger Entwicklung. Außerdem gestattet er dem Träger, Weisheit aus natürlichen Quellen zu ziehen. Dadurch werden die Emotionen des Empfängers nicht ignoriert, sondern als das anerkannt, was sie sind – ein unschätzbares Mittel, um Körper und Geist zu erneuern.

Am besten wird Lapislazuli unter ein Band auf die Mitte der Stirn – das Scheitel-Chakra – gesetzt; er kann auch als Ohrring oder kurze Halskette getragen werden, aber niemals ununterbrochen über eine längere Zeit. Denn er besitzt eine solche Kraft, daß er einen empfänglichen Besitzer aufgrund seiner läuternden Energie so in Abhängigkeit bringen kann, daß er darüber seinen Körper vergißt, der den Geist beherbergt.

In der Hand eines Praktikers kann Lapislazuli Gesundheit auf den Patienten übertragen. Bei empfindlichen Patienten ist es jedoch besser, ihn nur reinigend einzusetzen und nicht zur direkten Heilung – zumindest so lange, bis die Kraft und Selbstsicherheit des Patienten wahrnehmbar werden.

Diesem Stein werden so viele Heilkräfte zugeschrieben, daß es schwierig ist, die wichtigsten einzeln aufzuführen. Zu den Leiden, bei denen er besonders wirksam ist, gehören Blutkrankheiten, Epilepsie, starke Magenbeschwerden, Erbrechen, Diarrhöe und Gehirnerkrankungen. Lapis ist ein emotionales Heiligtum.

Magnetit (Magneteisenstein)

Dieser Stein, der einst als Amulett der Liebenden bekannt war, zieht Eisen magnetisch an. Hängt er an einem Faden, richtet er sich nach dem Nord- und dem Südpol aus. Deshalb glaubte man, daß streitbare Paare wieder zusammengeführt würden, wenn die Ehefrau einen Magnetit trug und ihr Mann Eisenspäne. Heute werden seine magnetischen Kräfte dazu benützt, Wirbelsäulenleiden zu korrigieren und auch Kopfschmerzen zu lindern, die auf eine schlechte Haltung zurückzuführen sind, ebenso andere Beschwerden, die mit dem Mangel an Polarität zusammenhängen.

In Verbindung mit *braunem Quarz* oder *Rauchquarz* unterdrückt der Magnetit das Wachstum von Krebsgeschwüren im Anfangsstadium. In Verbindung mit *Karneol* stärkt er die Konzentration und fördert die Klugheit.

Es gibt eine ganze Reihe von Leiden, bei deren Heilung Eisen erforderlich ist, nicht jedoch die elektrischen Eigenschaften des Magnetit. In diesen Fällen kann er durch den hübscheren, glänzenden, stahlgrauen *Hämatit* ersetzt werden. In Verbindung mit *Lapislazuli* und *Malachit* oder einem *Dioptas*-Anhänger hilft der *Hämatit* bei Gelenkentzündungen, stärkt die Abwehrkräfte gegen Krankheiten und beugt Müdigkeit vor, besonders während einer Schwangerschaft. Unsere Vorfahren sahen im Karneol, Hämatit, Magnetit (Magneteisenstein) und Malachit Mittel gegen Melancholie. Aufgrund der neuesten Forschungsergebnisse scheint es, als hätten sie recht gehabt.

Mondstein

In der Vergangenheit wurde dieser Stein häufig zur Heilung von Geisteskrankheiten eingesetzt. Sein Glanz, seine wichtigste Heileigenschaft, wirkt gleichermaßen auf die negativen wie positiven Emotionen seines Trägers; insofern handelt es sich hier um ein zweischneidiges Schwert, wenn man es mit dem Geisteszustand eines Menschen zu tun hat. Die meisten modernen Heilpraktiker beschränken sich auf seine Anwendung auf physischem Gebiet, wo er besonders hilfreich ist in Fällen von Fettleibigkeit, Wassersucht und Erbrechen.

Mondstein schlechter Qualität, der fast undurchsichtig erscheint und eine weißlich-graue Färbung aufweist, ist nur wenig hilfreich, sowohl für den Heiler als auch für den Patienten; aber die klare, bläuliche Varietät zügelt Selbstsucht und Rachsucht. Hinzu kommt eine anregende Wirkung, wenn er von Menschen mit einem vorherrschenden Mond im Geburtshoroskop getragen wird.

In Indien gilt der Mondstein als heiliger Stein und soll Glück bringen, wenn ihn ein Bräutigam seiner Braut schenkt.

Obsidian

Stellt ein Heilpraktiker fest, daß Frustration den Heilungsprozeß bei einem seiner Patienten blockiert, dann greift er
zum Obsidian, um dieser entgegenzuwirken. Dies geschieht, weil vom Obsidian behauptet wird, er enthalte negative Energien.

Tatsächlich handelt es sich beim Obsidian nicht um
einen Stein, sondern um eine Form natürlichen Glases, das
keine innere Struktur hat, sondern seinen Anfang in flüssi-
ger Form nimmt. Wenn Sie sich zum Beispiel alte Kirchen-
fenster sehr genau anschauen, dann werden Sie feststellen,
daß das Glas am Boden dicker ist als oben, und unter der
Vergrößerung sind die Linien, wie es geflossen ist, deutlich
zu erkennen.

Der Heilpraktiker arbeitet mit den flüssigen Eigenschaften dieses natürlichen Glases, das wir Obsidian nennen.
Zuerst überträgt er die negative Energie des Patienten auf
das Glas, dann erhitzt er das letztere im Geiste auf eine höhere Temperatur. Schließlich kommt der Augenblick für
eine Schockgefrierung, die den Obsidian und damit den
Geist des Patienten reinigt. Um die Behandlung zu vervollständigen, sollte der Patient unverzüglich in ein geistiges
Bad mit *Rosenquarz,* gefolgt von *Aquamarin,* getaucht
werden.

Opal

Diese liebliche Varietät unseres häufigsten Minerals, des
Quarzes, bringt eine wunderbare Ordnung in den Reichtum an Mustern und Farben, vereinigt Himmel und Erde
in einer Verbindung aus Wasser und Feuer. Er ist der Stein
der Hoffnung und Gerechtigkeit, der Feind von Gier und
Korruption in all ihren Formen, die Stütze der Rechtschaffenen – aber nur der Rechtschaffenen – im Krieg und vor

Gericht. Tyrannische Monarchen, die aus dem Leid ihrer Untertanen schöpften, hatten einstmals Angst vor diesem Stein. Alexander der Große trug stolz einen Opal an seinem Gürtel; Königin Elizabeth I. sammelte zwar Opale, hatte aber Angst, einen zu tragen.

Die beiden letzten Zaren von Rußland und ihre Familien glaubten, daß der Opal über die Eigenschaft des ›Bösen Blicks‹ verfüge. Deshalb zogen sie sich für den Rest des Tages zurück, wenn sie auch nur mit dem winzigsten dieser Steine in Kontakt gekommen waren. Königin Viktoria häufte mehr Opale an als jeder andere Monarch und schenkte jeder ihrer Töchter einen zur Hochzeit, aber man sah sie selbst selten einen tragen.

Die Farbtöne des Opal sind zu Recht mit der Liebe eines unschuldigen Kindes verglichen worden. Man hält den Opal für fähig, das ›dritte Auge‹ zu öffnen, und mehr als andere Minerale wird er dazu herangezogen, in übernatürliche Bereiche einzuführen.

Es ist ein moderner Irrtum, daß der Opal zu stark ist, um irgendwo anders als an den Gliedmaßen getragen zu werden. Diese dumme Auslegung alter und weiser Steinkunde bedeutet einen Verlust für uns, denn der Opal schützt alle Bereiche des Körpers, die Hitze ausstrahlen, und alle Harmonie ausstrahlenden Kräfte – mit anderen Worten diejenigen, die mit Hilfe von Farbe Kraft empfangen und verteilen. Die vorherrschenden Opal-Färbungen sollten in den nachfolgenden Bereichen eingesetzt werden:

Scheitel:	Violett und Rosig
Stirn:	Dunkelblau mit Gelb, Violett und helleres Blau
Kehle:	sanfte Grüntöne und blasses Blau
Herz:	leuchtendes Grün
Solarplexus:	Gelb
Basis der Wirbelsäule:	tiefes Rot
Milz:	Orange-Purpur

Im allgemeinen sollte man den Stein täglich ungefähr fünf Minuten lang an die jeweils betroffene Stelle halten. Es hängt von der Reaktion und Sensibilität des einzelnen ab. Vorausgesetzt, ein klares und starkes Bild des Steins wird erzeugt, dann kann eine Heilung auch ohne die Gegenwart eines Opals stattfinden, nach demselben Prinzip wie eine Heilung bei Abwesenheit des Patienten.

In alter Zeit wurde der Opal entweder verbrannt oder pulverisiert. Heute wissen wir, daß weit bessere Ergebnisse erzielt werden, wenn der Stein nicht auf diese Weise behandelt, sondern in seiner ganzen Schönheit benutzt wird, um die natürlichen Lebenskräfte anzuzapfen, denn der Opal ist nicht nur auf psychischem Gebiet wirksam. Er hilft ganz real, wenn es darum geht, Unzulänglichkeiten auf physischer Ebene gutzumachen; wenn die Zonen und Farben korrekt angeglichen werden, wie ich es oben beschrieben habe, wirkt er Wunder als Nahrung unterversorgter Teile.

Dies wird verständlich, wenn man begreift, daß das grundlegende Symptom aller Krankheit die Farbe ist, die an der falschen Stelle wirkt, Vibrationen außerhalb der Einheit aufweist, und auf diese Weise Disharmonie erzeugt.

Der Opal fungiert auch als schützende Substanz für die als Kieselalgen bekannten Meeresgewächse. Das Leben auf der Erde könnte ohne Sonne und Wasser, Feuer und Flüssigkeit nicht fortbestehen, aber diese gegensätzlichen Paare können nicht zusammentreffen, ohne daß es zum Todesstoß kommt. So haben die Kieselalgen skelettartige Strukturen aus Opal entwickelt, die ihre weicheren Teile vor dem Salzentzug und gegen den starken Druck des Meeres schützen und es gleichzeitig ermöglichen, daß sie von Wärme und Licht genährt werden. Wenn diese winzigen Wesen absterben, sinkt ihre empfindliche Hülle nach unten. So fügen sie im Jahr ungefähr drei Millionen Tonnen Opal-Silikat zu dem Gestein hinzu, auf dem sie zur

Ruhe kommen. Die moderne Industrie setzt dieses Silikat für wasserabstoßende Salben ein. Der Opal hat also auch noch einen sehr praktischen Verwendungszweck.

Der Opal lehrt uns: Ohne Wasser und seine lebensspendenden und reinigenden Kräfte kann man nicht leben. Tatsächlich bedeckt das Wasser ungefähr drei Viertel der Oberfläche des Planeten Erde. Der menschliche Körper besteht ebenfalls zu etwa drei Vierteln aus Flüssigkeit. Opal enthält, neben Silikat und Sauerstoff, mehr Wasser als jedes andere Mineral – bis zu zweiundzwanzig Prozent. So spiegelt er die Sonne durch Wasser, den Schlüssel des Lebens, spricht zu uns in einem Alphabet von Farben, das wir verstehen.

Peridot

Es heißt, daß die Einwohner des legendären Atlantis in die tiefgrünen Tiefen des Peridot geblickt haben, ehe sie ihn zu ihrem Lieblingsstein erwählten. Die Kreuzritter priesen ihn, denn sie fanden in ihm die Tugend des Vertrauens, während die Viktorianer glaubten, daß er Heiterkeit und angenehmes Benehmen verleihe.

Der Peridot, der Magnesium, Eisen und Silikat enthält, fördert die Gesundheit des Herzens, verwandelt Blutzucker in Energie und steigert die Funktionsfähigkeit der Muskeln. Auch wirkt er den körperlichen Auswirkungen des Alkohol entgegen. Doch Kristallheiler benutzen ihn meistens zur Heilung von Leiden des Verdauungssystems, Magenübersäuerung und unerwünschten Kalziumablagerungen.

Seine zarten Vibrationen lassen ihn hilfreich für die Schüchternen sein, während seine Sanftheit, die in beachtlichem Kontrast zu der mächtigen physischen Kraft mancher anderer Minerale steht, ihn mit dem Herzen in Verbindung bringt und das Gleichgewicht der Seele herstellt.

Perle

Perlen sind so schön wie Edelsteine, aber von geringerer Bedeutung zu Heilzwecken. Seit der Antike sah man in der Perle das Symbol der Keuschheit, den Wächter der Jungfräulichkeit, aber ihre medizinische Wirkung wurde nur niedrig eingeschätzt.

Die Natur ruft die Perle im Körper eines Meeresgeschöpfes durch ein Sandkorn oder ein ähnlich kleines ›Ärgernis‹ hervor. Die Zuchtperle kann durch die Insertion eines Plastik- oder Muschelkügelchen in eine Auster, Muschel oder Miesmuschel hervorgerufen werden. Bei der Herstellung von Süßwasserperlen werden winzige Stückchen Hackfleisch als Fremdkörper an lebenden Seetieren befestigt, die sie mit Sekret überziehen, um so ihr Unbehagen zu verringern. Eine Verfeinerung dieser Methode ist es, wenn Perlen-›Sklaven‹ von Fischern in die Fabrik gebracht werden, wo die Muscheln geöffnet werden. Das untere Ende wird festgeklammert, und dann werden in der Hülle eines jeden Opfers zehn Schnitte angebracht, in die anschließend Stückchen einer anderen Muschel gepreßt werden. Ist diese ›Frankenstein‹-Operation beendet, werden die armen Geschöpfe in Eimer gesetzt und leben anschließend drei Jahre lang drei Fuß unter der Wasseroberfläche. Danach werden sie an die Oberfläche geholt, wo die Perlen entfernt werden.

Wenn all dies monströs klingt (und ist), so muß man doch sagen, daß die glorreiche, einzigartige, natürliche Perle nicht voll ausgeformt am Meeresufer, am Flußufer oder im Ozean gefunden wird. Für gewöhnlich wird dieses sanfte Wunder an Licht mit Gewalt einem lebenden, atmenden Kind des Neptun entrissen, das dann in einer unschönen, stinkenden Masse von Meeresgeschöpfen stirbt, die in einem Teich oder einem ähnlich abgeschlossenen Gebiet eingesperrt sind.

Viele Heiler der Vergangenheit und Gegenwart sind der Ansicht, daß Perlen negative Energien enthalten, die die menschliche Gier anregen. Im Lichte der vorangegangenen Beschreibung ist dieser Schluß kaum überraschend. Doch ein Blitz aus einer Röntgenkamera könnte vielleicht den schädlichen Vibrationen, die von diesem schönen Juwel ausgehen, ein Ende machen. Auch die Bestandteile an Kalzium und Kalk müssen berücksichtigt werden. Diese könnten (wie auch der Dolomit) der Knochenentkalkung bei Erwachsenen entgegenwirken; sie könnten sogar den Frauen helfen, die unter Menstruationsproblemen und Kalziummangel leiden.

Rhodochrosit (Inkarose)

Der Rhodochrosit, der erst vor ungefähr fünfzig Jahren entdeckt wurde, ist, wie sein Cousin, der *Rhodonit,* neu im ganzheitlichen Bereich. Er kommt in zwei Varietäten vor: in Edelsteinqualität weist er die Farbe des Sonnenuntergangs auf; der rosa oder babyrosa Stein mit den weißen Linien ist nur ein Halbedelstein. Neuere Tests haben gezeigt, daß beide gute Eigenschaften haben und leichte Vibrationen ausstrahlen, die deprimierte Menschen aufheitern, die Jugend erhalten, den Alterungsprozeß verzögern und helfen, jungen, kranken Menschen ihre Lebenskraft wiederzugeben.

Rhodonit

Dieser Edelstein ist, wie sein soeben beschriebener Verwandter Rhodochrosit, noch jung und somit relativ wenig getestet, was seine heilenden Kräfte angeht. Aber dieser Kristall von Edelsteinqualität, von der Farbe zerdrückter Erdbeeren, ist ein Stein der Gegenwart und Zukunft.

Seine Heilkraft ist auf die Schilddrüse eingestimmt, wo er, dank seines Mangangehaltes, das Hormon Thyroxin herstellt. Auch auf das Zentralnervensystem wirkt er sich günstig aus, wirkt der Erregbarkeit entgegen, erfrischt die Körper der Müden, Schwachen und Alten und hilft dem Verdauungsapparat und den Muskeln.

Der Rhodonit wird am besten am Mittelfinger der linken Hand getragen. Von dieser Position aus stellt er sich selbst auf das Herz ein und bewirkt Mitleid, Harmonie und Sensibilität den höheren Werten gegenüber.

Rosenquarz

So unauffällig er auch ist, sollte dieser Stein doch nie unterschätzt werden. Die winzigen Kristalle, aus denen er sich zusammensetzt, verleihen ihm erstaunliche Ausdauer. Das zusätzliche Vorkommen von Titan, einem metallischen Element von immenser Kraft, ist nicht nur die Ursache für die angenehme Färbung, sondern verleiht ihm auch die Kraft, am Narbengewebe zu arbeiten, es weicher zu machen, zu glätten und die Schmerzen zu nehmen.

Zusammen mit dem *Hämatit* wirkt dieser hellrosa Edelstein wahre Wunder an schmerzenden Knochen und geschundener Haut. Indem er seine Energien hauptsächlich durch Herz und Augen eindringen läßt, beruhigt er den Geist und beseitigt die Angst. Gewalttätige Persönlichkeiten meiden seine Nähe.

Rubin

Vom Rubin wird in der östlichen Mythologie gesagt: »Dieser Stein ist ein Tropfen Blut vom Herzen der Mutter Erde.« Wenn es ums Heilen geht, sind es gewiß die Krankheiten des Blutes, auf die sich seine besonderen Kräfte konzentrieren. Es wird erzählt, Rasputin hätte einen Rubin benutzt, um den hämophilen Sohn von Zar Nikolaus II. von Rußland zu behandeln. Es gibt auch einen alten, burmesischen Glauben, daß ein Rubin, der in der Nähe des Fleisches eines Kriegers getragen oder darin eingesetzt wird, diesen davor bewahrt, im Falle einer Verwundung zu verbluten. Kristallheiler benutzen Rubine als Mittel gegen Anämie, schlechte Blutzirkulation, Herzkrankheiten und zur Blutreinigung. Die Leber profitiert ebenso von der reinigenden Kraft des Rubins wie das Gehirn.

In vergangener Zeit hielt man den Rubin für ein Mittel gegen Neid, Alpträume, den Verlust oder die Beschädigung von Eigentum und die Untreue eines Ehepartners. Man glaubte, daß er Schmerzen lindern könnte, wenn er als Schmuckstück oder in der Tasche getragen wurde, und daß er durch eine Veränderung seiner Vibrationen seine Farbe verlieren oder schwarz werden würde, wenn seinem Besitzer Lebensgefahr drohte. Man wird feststellen, daß er die Liebe bei Desinteresse erwecken kann und daß er auf der Ebene der außersinnlichen Wahrnehmung als Kanal für die Verbindung zwischen Liebenden wirken kann.

Wie der Diamant, spielt er außerdem eine lebenswichtige Rolle in der Mikrochirurgie. Obwohl der Diamant härter ist und praktisch nie abstumpft, außer er wird mißbraucht, ist ihm der Rubin wahrscheinlich als Kauterisationsinstrument überlegen.

All das, und dann noch diese Schönheit!

Saphir

Nur wenige Menschen wissen, daß er mit dem Rubin verwandt ist, dieser bemerkenswerte Stein, der in verschiedenen Farben vorkommt, von denen jede ihre eigenen Heileigenschaften, ihre Assoziationen und ihren Wirkungskreis hat. Am bekanntesten und beliebtesten ist die dunkelblaue

Varietät. Dieser dunkelblaue Saphir, der am wenigsten leidenschaftliche Stein, wirkt direkt auf den Intellekt. Vielleicht wird er aus diesem Grund oft unbewußt von den Menschen gewählt, die ihre Gefühle unterdrücken wollen und statt dessen lieber auf Statussymbole zurückgreifen. In bezug auf Heilung zeitigt er gute Wirkung bei Fieber, Neurosen und Krankheiten, die durch angegriffene Nerven hervorgerufen werden, darunter auch Asthma.

Im Gegensatz dazu sollen der kornblumenblaue und andere leuchtendblaue Saphire das Leben verlängern, ihre Träger jung aussehen lassen, Herz und zentrales Nervensystem stärken und Augenentzündungen heilen.

Der nahezu opake Sternsaphir hat eine allgemein beruhigende Wirkung, ist hilfreich bei der Heilung von Magengeschwüren und zügelt die Überpraktischen.

Der rosa-violette Saphir fördert die selbstlose Liebe. Wird er zusammen mit dem traditionellen dunkelblauen Saphir getragen, so verhilft er seinem Besitzer zu einer humaneren und wohlwollenderen Ansicht des Lebens, weniger engstirnig und gesetzestreu, dafür aber offener den natürlichen Emotionen gegenüber.

Der *Padparadscha* oder *orangefarbene Saphir* verbessert den Charakter des Selbstsüchtigen, besonders einer scheinbar extrovertierten Natur, die in Wirklichkeit jedoch selten über irgend jemanden außer sich selbst nachdenkt. Die Energie dieser Saphir-Varietät wirkt hauptsächlich über die Milz, zügelt das Ungestüm, das durch Reizbarkeit freigesetzt wird, und ermuntert seine Träger zum Denken, ehe sie handeln.

Smaragd

Aus den geheimnisvollen Tiefen dieses viel bewunderten Steines kommen heilende Vibrationen zu denjenigen, die unter Augenkrankheiten leiden. Zeugnis dieser Kraft legen die Abbilder von Göttern und Göttinnen aus Urzeiten ab, denn sie wurden häufig mit Augen aus reinem Smaragd dargestellt. Doch auch wir können noch heute davon profitieren.

Hier ein paar Hinweise, wie man mit diesem Stein heilen kann. Wenn Sie Ihre eigenen Augen heilen wollen, schauen Sie den Smaragd ganz einfach an. Heilen Sie die Augen eines Patienten, der bei Ihnen ist, dann transferieren Sie die Energie. Sie können auch einen Krug mit Wasser nehmen und darin über Nacht einen Smaragd legen. Dann tränken Sie Baumwollbäusche mit diesem Elixier, drücken sie fast trocken aus und legen sie auf die geschlossenen Augen, und zwar zweimal täglich etwa zehn Minuten lang. Diese Behandlung ist nicht nur für kranke Augen gut. Blutunterlaufene und müde Augen profitieren ebenfalls davon. Wenn Sie sich keinen Smaragd beschaffen können, läßt sich eine dritte Methode anwenden. Denken Sie einfach an einen Smaragd, transferieren Sie diese Energie auf den Augenbereich und den Hinterkopf.

Diese dritte Methode bringt auch hervorragende Ergebnisse bei Herz- und Brustbeschwerden. Der Smaragd löst Nervenanspannungen und senkt Bluthochdruck. Auf geistiger Ebene bringt er Ruhe und Ausgeglichenheit, und somit auch Wissen und Weisheit.

Heiler könnten feststellen, daß einige Zeit erforderlich ist, bis sie sich mit diesem Stein wirklich wohl fühlen. Deshalb sollten sie zunächst verhältnismäßig kleine Leiden, wie z. B. Kopfschmerzen, Brandwunden und Schnupfen, behandeln. Später werden sie feststellen, daß der Smaragd auch helfen kann bei Lebensmittelvergiftungen, Hautgeschwüren, Hautkrebs – und manche meinen, auch bei anderen Krebsarten.

Die Kristallheiler früherer Zeiten benutzten den Smaragd, um Frauen bei der Geburt Erleichterung von ihren Schmerzen zu verschaffen. Er galt als Gegenmittel gegen Gift; er half das Gedächtnis zu verbessern. Trugen ihn ver-

heiratete Frauen, so hieß es, daß er die Treue ihren Ehe-
männern gegenüber garantiere. Schlangen sollten Smaragde fürchten, und auch als Amulett gegen den Teufel und
die Pest war dieser Edelstein hoch angesehen. Doch am
wichtigsten war der Ruf des Smaragds als Bindeglied zu
den göttlichen Mächten.

Smaragde von guter Qualität sind teuer und schwer zu
finden, aber für Heilzwecke ist das nicht wichtig, denn
zum Glück für den Heiler und seinen Patienten genügt ein
›moosiger Smaragd‹, das heißt einer, der nicht ganz klar
ist.

Sodalith

In der Farbe ist dieser Stein dem Lapislazuli sehr ähnlich,
aber seine Wirkung ist ganz anders, und eine Verwechslung der beiden wäre unglückselig. Die ganzheitliche Heilwirkung des Sodalith besteht darin, seinem Träger Jugend
und Frische zu schenken, ebenso wie jenen, die mit seinen
Vibrationen behandelt werden.

Den Sodalith könnte man auch den ›Stein der geistigen
Veränderung oder Transformation‹ nennen, denn er
bringt Freude zurück und erleichtert ein schweres Herz.
Wird er beim Schlafen direkt über dem Kopf angebracht,
so kann er dafür sorgen, daß ein trauriger Mensch voller
Freude und Übermut erwacht.

Kranke Tiere und Zimmerpflanzen reagieren auf einen
Sodalith in Verbindung mit *Dioptas* und *Bergkristall*. Versuchen Sie jedoch niemals, einem Tier einen Anhänger um-
zuhängen, eine Prozedur, die gefährlich sein könnte. Häu-
fen Sie statt dessen eine großzügige Menge von Steinen an,
und plazieren Sie sie in der Nähe des Lieblingsplatzes des
Tieres. Bei Zimmerpflanzen tauchen Sie das Mineral vier-
undzwanzig Stunden lang in Wasser, entfernen dann den
Stein und gießen die Pflanzen mit dem so entstandenen
Elixier.

Spinell

Bis zum Ende des Mittelalters wurde Spinell als der prachtvolle Stein bewundert, der er wirklich ist. Man schrieb ihm dieselben Heilkräfte zu wie anderen wertvollen Steinen gleicher Färbung. Als das Studium wertvoller Steine zur Wissenschaft wurde, hat dieser schöne Kristall leider seine Popularität verloren, weil er sowohl vom Erscheinungsbild als auch von den damals bekannten Elementen her dem Rubin und Saphir zu sehr ähnelte.

Wir wissen heute, daß erstklassiger Spinell viel seltener ist als die meisten der Steine, für die er fälschlicherweise gehalten werden kann. Leider hält der Handel immer noch an der überholten Mentalität jener frühen Steinforscher fest, mit dem Ergebnis, daß es dem Publikum noch nicht ermöglicht wurde, diesen Stein für sich selbst neu zu entdecken. Tatsächlich ist er in der Zusammensetzung manchen Granaten sehr ähnlich, aber in seiner funkelnden Reinheit und mit den Farbschattierungen viel schöner.

Spinell ist ein harter Stein – härter als Granat, Zirkon, Smaragd, Peridot oder Jadeit –, der im selben Kristallsystem vorkommt wie der Diamant.

Magnesium und Aluminium bilden die reine, klare, weiße Varietät dieses Steines; andere Elemente, meistens Eisen und Chrom, die als Unreinheiten auftreten, sind Ursache für die farbigen Muster, wobei Zink das sehr seltene Blau hervorruft. Diese Farbunterschiede ermöglichen, den Spinell bei Heilbehandlungen zu benutzen, vor allem, um die Funktion von Nerven und Muskeln zu fördern, den Streß zu verringern und die Auswirkungen von Magenübersäuerung und Depressionen zu bekämpfen.

Die Planeten Venus und Uranus sind Mitregenten dieses Steins, mit dem Ergebnis, daß der Spinell, auf geistiger Ebene, mit Erfolg versucht, durch Harmonie, Kreativität und Musizieren einen allgemeinen Idealismus zu fördern.

Topas

Der weiße Topas, ein ausgezeichneter Hosentaschenbegleiter oder Spielstein, hilft vor allem denjenigen, die an Nervosität oder Schlaflosigkeit leiden. Topas aller Farben wird dazu herangezogen, Husten und Halsschmerzen, verschiedene Nervenleiden, Katarrh, Kinderkrankheiten wie Masern, aber auch Schorf oder Gicht zu heilen. Zu Zeiten der Römer wurde der Topas benutzt, um die Auswirkungen der Schwarzen Magie abzuwenden. Band man den Topas auf den Bauch einer Frau während der Menstruation, wurden Schmerz und Unwohlsein gelindert.

Als Talisman sollte der Stein den Besitzer vor einem plötzlichen Tod bewahren und hilfreich sein, wenn jemand Kontakt zu Leben in anderen Teilen der Galaxis aufnehmen will.

Türkis

Der Ruhm dieses Steines reicht bis in die frühesten Zeiten zurück. Er wird mit Hathor zusammengebracht, der Tochter und Ehefrau des ägyptischen Sonnengottes Ra, die ihren Vater und Ehemann vor allen schützte, die sich gegen ihn auflehnten, und deshalb als ›das Auge des Ra‹ gefürchtet war. Später priesen ihn die nordamerikanischen Indianer, die glaubten, daß er das Wesen der Härte des Winters in sich trage und somit sicherstellen konnte, daß sein Träger den Feinden gegenüber Strenge walten lassen könnte. Buddha benutzte den Türkis, um spirituelle Hilfe herbeizurufen, wenn er sich von einem unbekannten und besonders erschreckenden Wesen befreien wollte. Geschichten über den Türkis findet man aber ebenso in Persien, bei den Beduinen, den Chinesen und Mexikanern, in der tibetanischen wie in der türkischen Mythologie. Der Stein ist immer schon als Schutz gegen dunkle Mächte getragen worden. Vor allem ist er der Talisman, der bei Pferd und Reiter am beliebtesten ist, und ebenso unter Liebenden als Garantie gegenseitiger Treue.

Aluminium, Kupfer und eine kleine Menge Eisen, das sind die Elemente, die diesen opaken, aber attraktiven Stein bilden. Im Heilen liegt seine Kraft auf dem Hals-Chakra; er muß nicht direkt über diesem Bereich plaziert werden, da er seine Energie auf alle Bereiche des Körpers übertragen kann, vor allem auf den Oberbauch. In der Ganzheitsmedizin wird er verwendet, um Kopfschmerzen, Augenleiden, Fieber, Bein-, Fuß- und Lendenprobleme zu heilen und negativer Einstellung entgegenzuwirken, die unser Leben so verwirren kann, daß es zu Chaos und Wahnsinn kommt.

Türkis kann wirksam zusammen mit *Lapislazuli* eingesetzt werden, um das höhere Selbst zu harmonisieren und niedrige Einflüsse abzulenken. Er kann in Silber gefaßt werden, was seine Vibrationen nicht beeinflußt. Die Handwerker der Indianer haben ihn oft auf diese Weise gefaßt. Er ist noch stärker, wenn er von Gold umgeben oder mit Gold eingelegt ist. In dieser Form ist er ein notwendiger Filter für andere Einflüsse und ein mächtiger Talisman.

Wie auch immer die Farbe ausfällt, dieses antike Juwel wird wirken, solange sein Besitzer mit der Farbe seiner Wahl zufrieden ist. Der Türkis übt einen bestimmenden Einfluß zum Guten oder Bösen aus, je nach den Umständen. Bei diesem Stein gilt: »Des einen Freud, ist des andern Leid«, und das macht ihn nur noch faszinierender.

Turmalin

Hier haben wir es mit einem Meister der Medizin aus der Mineralwelt zu tun, mit bemerkenswerten Eigenschaften und einer clownesken Persönlichkeit. Die Myriaden Schattierungen sind nicht das Ergebnis von Unreinheiten, wie es für gewöhnlich der Fall ist, sondern von den Beiträgen, die jedes einzelne Originalkristall zu der Zusammensetzung dieses hübschen Steines leistet.

In der Vergangenheit wurde der Turmalin mehr als mineralischer Magnet und nicht als Edelstein eingeordnet. Der Grund dafür waren seine einzigartigen, elektrischen Energien, die dafür sorgen, daß er, wenn er gerieben oder erhitzt wird, in jedem seiner Kristalle an einem Ende eine positive Ladung, am anderen eine negative Ladung hervorbringt.

Beim Heilen besteht seine Hauptaufgabe darin, Polarität zu erzeugen, eine unschätzbare Tugend, da ein perfekt ausgerichtetes Rückgrat, bei dem Füße und Sinne gleichermaßen fest auf der Erde stehen, es ermöglicht, auf allen Ebenen zu geben und zu empfangen.

Jedes Turmalinkristall enthält Aluminium, Bor, Eisen, Lithium, Magnesium, Kalium, Silikon und Natrium, und die meisten Steine weisen Spurenelemente von anderen, dringend benötigten Körperelementen auf. Magnesium wird mit gewöhnlichem und Epsomer Bittersalz in Verbindung gebracht, das den Körper von innen reinigt; hierbei handelt es sich um die heilende Essenz des Meerwassers, die für ein gutes Gedächtnis notwendig ist. Bor wurde jahrhundertelang als Mittel bei Stimmbanderkrankungen verwendet, ebenso bei Halsentzündungen und rauher Kehle. Kalium findet sich in ›Wunderwassern‹ und wird, zusammen mit Fluor, einem verbreiteten Mineral, herangezogen, um Krampfadern zu heilen und gesunde Zähne, Knochen, Nägel und Haare zu erhalten.

Der Turmalin kann außerdem bei Verstopfung, Lethargie, exzessiver Gewichtszu- und -abnahme, Gicht und bei starken neuralgischen Schmerzen verwendet werden. Die Schmerzen bei der letztgenannten Erkrankung können erleichtert werden, wenn der Turmalin die Muskeln versorgt und eingeklemmte Nerven freisetzt durch die Kraft seines Magnetismus.

Turmalin wirkt hervorragend in Verbindung mit Gold. Doch ist es besser, den Stein nicht in dieses Metall einzuschließen, sondern eine offene Klauenfassung zu nehmen, die es seinen elektrischen Kräften ermöglicht, ungehindert zu wirken.

Wenngleich der Turmalin prinzipiell zur physischen Heilung dient, hilft er doch auch der Seele, indem er die Chakren klärt und körperliche Schmerzen verdrängt. Er ist ein lieblicher Stein, und diejenigen, die ihn besitzen oder denen er geschenkt wurde, können sich besonders glücklich schätzen.

Zirkon

Dieser vielfarbige, durchsichtige Edelstein sollte weder als Juwel noch als Mittel zur ganzheitlichen Heilung unterschätzt werden. Der Zirkon, von dem die alten Griechen glaubten, er würde den Geist stärken und dem Herzen Freude bringen, hat den Vorrang vor fast allen Edelsteinen aufgrund seines Leuchtens und seiner verblüffenden Lichtbrechung. In dieser Hinsicht rivalisiert er häufig sogar mit dem facettenreichen Diamanten. Der Zirkon enthält das radioaktive Element Uran, das seltene Metall Thorium (das für elektrische Apparate verwendet wird) und die kostbaren Metalle Zirkonium und Hafnium, die beide in der Atomindustrie verwendet werden. Somit schließt der Zirkon das Wesen von Sonne und Jupiter ein, die die Energie der Existenz tragen.

Die auffallendste Eigenschaft dieses Kristalls ist seine Vitalität, die mit der Wirksamkeit eines Laserstrahls agiert, wenn es darum geht, Hirnschäden, Herzkrankheiten und akute Hautleiden zu heilen. Außerdem vertreibt er Flüssigkeit aus der Lunge, heilt Krankheiten der Milz und behebt die Trägheit. Auf spiritueller Ebene fördert er die Selbstentwicklung und höhere Erkenntnis, eine Wirkung, die besonders von der hitzebehandelten, himmelblauen Varietät ausgeht.

Obwohl der Zirkon dem Diamanten in Glanz und Licht ähnelt, ist er weniger autoritär im Charakter, aber dennoch fest in seiner direkten Handlung und Auswirkung auf den körperlichen und geistigen Zustand des Seins.

Zitrin

Der natürliche Zitrin war ursprünglich ein Amethyst, der sich veränderte, als er erhitzt und in der Erdkruste gebrannt wurde. Dann lernte es der Mensch, diesen Stein künstlich zu ›kochen‹. Ob nun in seiner natürlichen oder künstlich erzeugten Form, die Energie dieses seltenen und hochbegehrten Steines ist so ähnlich, daß das keinen Unterschied bedeutet.

Zitrin kommt in unterschiedlichen Farben vor. Der kräftig orangefarbene Stein hilft der Milz; gelber Zitrin wirkt auf den Solarplexus; die orangebraune, ›Madeira‹-Varietät wird bei der Kristallheilung eingesetzt, um das Leiden introvertierter Persönlichkeiten zu erleichtern, indem sie rationale und positive Gedanken fördert. In Kombination mit dem *Amethyst* reinigt der Zitrin das Blut und klärt den Geist. Häufig ist er als Mittel zur Meditation noch hilfreicher als der Amethyst selbst.

VERZEICHNIS
DER
HEILENDEN STEINE

Die Liste von Krankheiten, Symptomen, von körperlicher und seelischer Verfassung nennt dazu die Steine, die sich zur Behandlung und Verbesserung jeglicher Befindlichkeit eignen. Ausführliche Beschreibungen der wichtigsten Steine finden sich auf den vorhergehenden Seiten.

Symptom/Zustand	Steine
Aggression (Milderung von)	Heliotrop
Alkoholismus	Amethyst
Allergien	Zirkon
Allgemein stärkendes Mittel	Tigerauge, Bernstein, dunkelroter Karneol, Padparadscha (oranger Saphir), Aventurin, Blue John
Alpträume	Jett, Türkis, Padparadscha (oranger Saphir), Bowenit, Hämatit, Rubin

Symptom/Zustand	Steine
Altern (zur Verzögerung des allgemeinen Prozesses)	Rhodochrosit, Saphir, Diamant, Sodalith
Anämie	Metallischer Sphalerit, Heliotrop, Zitrin, Rubin, Chalkopyrit
Angina	Bornit, Smaragd, Dioptas
Ängste	Rosenquarz, Smaragd, Lapislazuli, Opal
Ärger	Karneol, Amethyst
Arthritis	Apatit, Malachit, Granat, Azurit
Asthma	Bernstein, Rosenquarz
Atemlosigkeit	Magnetit, Bernstein, Jett
Aufrichtigkeit (Förderung der)	Türkis, Rosa Diamant
Aufstoßen	Beryll
Augen (blutunterlaufene)	Smaragd
Augen (tränende)	Aquamarin
Augenbrennen	Aquamarin

Symptom/Zustand	Steine
Augenleiden (allgemein)	Smaragd, Dioptas, Türkis
Aura (Kräftigung der)	Zirkon
Aura (Schutz der)	Diamant
Aura (Stabilisierung der)	Labradorit
Aussehen (Hautton)	Eisensteine
Außersinnliche Wahrnehmung	Dioptas, Granat, Rubin
Babys (körperliche Entwicklung von)	Rhodochrosit, Sodalit, Dioptas, Chrysokoll, Chalkopyrit
Bauch (Umgebung des Nabels)	Weißer Topas, Aquamarin
Bauchgrimmen	Weiße Koralle
Beine (zur Kräftigung, Beweglichkeit)	Aquamarin
Benommenheit	Weißer Saphir
Beständigkeit	Opal
Blähungen	Smaragd, Grüner Granat
Blaue Flecken	Rosenquarz

Symptom/Zustand	Steine
Blitz (Angstvertreibung)	Spinell
Blutdruck (hoher)	Jadeit, Jade, Chrysopras, Smaragd
Blutdruck (niedrig)	Rubin, Turmalin
Blutgerinnsel	Amethyst, Hämatit
Blutkreislauf	Rubin, Heliotrop, Amethyst
Blutreinigung	Turmalin, Rote Koralle, Rubin, Amethyst
Blutungen	Rubin, Heliotrop
Bösartigkeit	Alexandrit, Malachit, Azurit, Amethyst, Magnetit, Karneol, Granat
Böser Blick	Jett, Türkis
Bosheit (böser Zauber)	Saphir, Rubin, Opal, Diamant
Bronchitis	Bernstein, Jett
Brust (Erleichterung von Schmerzen in der)	Bernstein, Smaragd, Dioptas
Chakra-Blockierung (Aufhebung der)	Azurit, Lapislazuli, Heliotrop

Symptom/Zustand	Steine
Chakren der Augen	Blaues Spiel auf Schwarzem Opal, Lapislazuli, Azurit, Iolith
– des Halses	Chrysopras, Türkis, Opal
– des Herzens	Dioptas, Smaragd
– des Kreuzes	Feueropal, Roter Spinell
– der Milz	Oranger Zirkon, Hersonit, oranger Saphir
– des Rückgrats	Feueropal, Roter Spinell
– des Scheitels	Rosa Saphir, Iolith
– des Solarplexus	Zitrin, Heliodor
Cholera	Malachit
Darm (Gesundheit des)	Gelber Jaspis
Delirium	Chrysolith
Depressionen	Spinell, Dolomit, Selenit, Rhodochrosit, Bowenit, Lapislazuli, Jade, Granat
Diabetes	Diamant
Diarrhöe	Malachit
Dickdarm	Gelber Jaspis
Drittes Auge (zum Öffnen)	Opal, Azurit, Lapislazuli, Iolith
Drüsen (geschwollen)	Topas

Symptom/Zustand	Steine
Dysenterie, Ruhr	Smaragd
Eifersucht	Apophylith
Einheit (Förderung von)	Opal
Eisenaufnahme (in den Körper)	Chrysokoll
Ekzeme	Saphir
Empfindlichkeit	Rhodonit, Rosa Saphir, Alexandrit, Rosenquarz, Rubin, Kunzit
Energie	Bernstein, Jaspis, Peridot
Entzündungen	Topas, Spinell
Epilepsie	Onyx, Jaspis, Jett, Turmalin, Lapislazuli
Erbrechen	Lapislazuli, Smaragd
Erhabenheit (Verstärkung der Neigungen dazu)	Opal, Alexandrit, Diamant
Erkältung (gewöhnliche)	Smaragd, Jett
Fieber	Chrysopras, Saphir, Olivin
Flüssigkeit (Mangel an)	Mondstein, Skapolith

Symptom/Zustand	Steine
Flüssigkeit (Übermaß)	Jade, Diamant, Heliodor
Frakturen	Magnetit, Calcit
Fruchtbarkeit (zur Steigerung)	Verdit, Oranger Saphir (Padparadscha)
Furunkel	Saphir
Füße (Gesundheit der)	Aquamarin, Jett
Gallenbeschwerden	Smaragd
Galle(nblase)	Hiddenit
Gallensteine	Dolomit, Jaspis, Koralle
Gallenwege	Jaspis, Smaragd
Gastrisches Fieber	Jaspis, Smaragd
Geburt (zur Einleitung)	Verdit, Smaragd
Geburt (Schmerzen bei)	Smaragd
Gedächtnis	Moosachat, Smaragd, Turmalin, Pyrolusit
Geduld, Ausdauer	Jade
Gefühlsausbruch (Amulett dagegen)	Smaragd

Symptom/Zustand	Steine
Geistige Belastungen	Amethyst
Gelbsucht	Koralle, Jadeit
Gelenkentzündung	Hämatit, Dioptas, Amethyst
Gemütsruhe	Jade, Jadeit
Gerechtigkeit (Förderung)	Opal
Gereizte Nerven	Spinell
Geruchssinn (Verlust von)	Turmalin
Geschlechtskrankheit	Zirkon
Geschmack (Verbesserung)	Topas, Turmalin
Geschmeidigkeit des Geistes (Förderung)	Aventurin
Geschwür (Augenlid)	Saphir
Geschwür (allgemein)	Turmalin
Geschwür (Haut)	Smaragd
Geschwür (Magen)	Saphir
Gewalttätigkeit	Rosenquarz, Heliotrop
Gier (Minderung der)	Opal

Symptom/Zustand	Steine
Gift (Gegengift)	Smaragd, Zirkon
Glück (Förderung von)	Sonnenstein
Gürtelrose	Jadeit, Lapislazuli, Chrysopras
Guter Verstand	Diamant
Haar (gesundes)	Opal, Quarz, Turmalin, Malachit, Chrysokoll
Hals (zur Heilung von Krankheiten)	Turmalin, Türkis, Hämatit, Bernstein
Halsentzündung	Bernstein, Turmalin
Hämorrhagie	Rubin
Hämorrhoiden	Perle, Koralle
Hände (geschwollene)	Aquamarin, Mondstein
Harmonie	Opal, Spinell, Rhodonit, Jade, Jadeit, Mondstein
Harnblase	Jaspis, Jade, Turmalin
Harnleiden	Bernstein, Jade
Hautfarbe (zur Verbesserung)	Hämatit

Symptom/Zustand	Steine
Hautprobleme	Schwefel, Topas, Karbunkel, Perle, Zirkon
Hemmungen	Obsidian
Hepatitis (Leberentzündung)	Calcit, Dolomit
Herpes	Dolomit, Jadeit, Lapislazuli
Herz (Kräftigung)	Grüner Granat, Smaragd, Dioptas, Opal, Türkis
Herzanfall (Vorbeugung gegen)	Dolomit, Dioptas
Herzkrankheit	Rubin, Dioptas
Herzschmerzen	Lepidolit, Blauer Topas
Heuschnupfen	Jett, Zirkon
Hexenschuß	Saphir, Magnetit
Hirn	Pyrolusit, Pyrit, Rubin, Grüner Turmalin
Hirnschaden	Zirkon
Hühneraugen	Einreiben mit in Meerwasser eingetauchtem Apatit
Husten	Bernstein, Topas

Symptom/Zustand	Steine
Hysterie	Lapislazuli, Türkis
Idealismus (Förderung von)	Spinell
Impotenz und Unfruchtbarkeit	Verdit, Padparadscha (oranger Saphir)
Inneres Wachstum (Begünstigung)	Lapislazuli, Chrysopras
Infektionen	Amethyst, Rauchquarz, Brauner Quarz
Intellekt (Verbesserung)	Heliodor, Saphir
Intuition (Verbesserung der)	Saphir, Lapislazuli
Inzest (schlechte Auswirkungen von)	Lapislazuli
Irrsinn	Bergkristall, Zitrin, Amethyst, Dunkelroter Karneol, Topas
Ischias	Saphir, Turmalin
Juckreiz	Malachit, Azurit, Dolomit
Kälte	Topas, Opal
Katarrh	Topas

Symptom/Zustand	Steine
Kauterisation (in der Chirurgie)	Rubin
Keuchhusten	Bernstein, Topas, Koralle
Klarheit	Jade
Knochen (Gesundheit der)	Engelshaut und Weiße Koralle, Calcit
Knochen (Schmerzen in)	Magnetit, Spinell, Rosenquarz
Kolik	Malachit, Jade
Konzentration	Karneol
Kopfschmerzen	Türkis, Weißer Turmalin, Bernstein, Jett, Hämatit, Smaragd
Körper (Förderung des Allgemeinbefindens)	Apatit
Körperflüssigkeiten (Reinigung der)	Halith
Korpulenz	Turmalin, Heliodor, Diamant, Zirkon
Korrektives Mittel (zur Charakterverbesserung)	Lapislazuli, Karneol

Symptom/Zustand	Steine
Kraft (zur Steigerung)	Magnetit, Rubin
Krampfadern	Aquamarin, Bernstein, Opal
Krämpfe	Heliotrop, Kalkstein
Krankheit (allgemein)	Dioptas, Amethyst
Krankheit (ansteckend)	Dioptas
Kreativität	Spinell, Rauchquarz
Krebs (allgemein)	Amethyst, Brauner Quarz und Rauchquarz, Magnetit
Krebs (Haut)	Smaragd, Amethyst
Krebsgeschwüre	Amethyst
Kreislauf (Verbesserung)	Blue John, Rubin
Kropf	Bernstein
Kummer	Lapislazuli
Langlebigkeit (Förderung der)	Diamant
Laryngitis (Kehlkopfentzündung)	Turmalin, Bernstein
Lebenskraft (Zuwachs an)	Aquamarin

Symptom/Zustand	Steine
Lebensmittelvergiftung	Smaragd
Leber (Behandlung der)	Jaspis, Jade, Labradorit, Hiddenit, Smaragd, Rubin
Leidenschaft (zur Abkühlung)	Smaragd, Blauer Saphir, Amethyst
Leidenschaft (zur Erweckung)	Padparadscha (oranger Saphir), Verdit
Lethargie	Karneol, Rubin, Turmalin
Liebe (rein, innig, Förderung der)	Diamant, Rubin, Rosa Saphir, Rhodonit, Rhodochrosit
Lungen (Pflege der)	Bernstein
Lungenflüssigkeit (Vertreiben von)	Zirkon, Diamant, Heliodor, Gelber Saphir, Bernstein
Magen (gebläht)	Perle, Smaragd
Magenbeschwerden	Hämatit, Smaragd, Heliodor, Aquamarin, Morganit
Magenkräftiger	Jaspis
Magenschmerzen	Lapislazuli
Magengeschwür	Smaragd, Saphir

Symptom/Zustand	Steine
Malaria	Türkis
Mandelentzündung	Topas, Jett, Turmalin, Bernstein
Masern	Perle, Topas
Melancholie	Turmalin, Lapislazuli, Sardonyx
Menopause	Diamant, Rubin
Menstruationsprobleme	Topas, Staurolith, Jett
Migräne	Jett
Mildtätigkeit (Förderung)	Jade
Müdigkeit	Metallischer Sphalerit, Staurolith, Dioptas, Hämatit, Pyrit, Bernstein
Multiple Sklerose	Turmalin, Blue John, Rosenquarz, Lapislazuli, Jadeit (alle mit Gold)
Mumps	Topas
Mundleiden	Heliodor, Gelber Saphir
Muskeln (kräftigen)	Dolomit, Fluorit, Turmalin, Spinell, Peridot, Jadeit

Symptom/Zustand	Steine
Mut	Diamant und alle orangefarbenen Steine
Nachsicht, Milde	Heliotrop
Nackenverspannung	Alexandrit, Hämatit, Magnetit
Nägel (zur Kräftigung)	Perle, Opal, Calcit, Rhodochrosit
Narbengewebe	Rosenquarz
Nasenbluten	Saphir, Rubin
Nasenlöcher (verstopft)	Bernstein, Jett (inhalieren)
Nebenhöhlen	Jett
Negative Energien (Auflösung – z. B. den bösen Blick abwenden)	Türkis, Lapislazuli
Negative Energien (Steine, die man meiden sollte, wenn man zu Traurigkeit o. ä. neigt)	Perle, Azurit, Obsidian
Negativität (entgegenwirken)	Lapislazuli
Neid	Rubin

Symptom/Zustand	Steine
Nerven (zur Festigung und Stärkung)	Dolomit, Jade
Nervenzellen (gesunde Aktivität der)	Chrysopras
Nervosität	Lapislazuli, Saphir, Jadeit
Neuritis	Turmalin
Nieren (Behandlung von)	Nephrit Jade
Nierenentzündung	Nephrit Jade
Nierenkrankheit	Jade
Niesen	Zirkon
Ödeme	Chalkopyrit, Bornit
Ohnmacht	Lapislazuli
Ohrenleiden	Saphir, Bernstein, Turmalin
Pankreas (Bauchspeicheldrüse)	Jaspis, Heliotrop
Pest	Rubin, Perle
Physische Harmonie (Förderung)	Rubinrote Koralle

Symptom/Zustand	Steine
Pigmentierung (Verbesserung)	Chrysokoll
Pilzflechte (Haare und Nägel)	Diamant, Calcit, Zirkon
Popularität (zur Steigerung)	Türkis, Zitrin
Rachitis	Calcit, Koralle, Perle
Rechtschaffenheit	Jade, Jadeit
Reinheit	Diamant, Jade
Reizbarkeit	Rhodonit, Padparadscha (oranger Saphir)
Rheumatismus	Malachit, Azurit, Chrysokoll
Rote Blutzellen (um sie gesund zu erhalten)	Bornit, Chalkopyrit
Rückenschmerzen	Saphir, Magnetit, Hämatit
Ruhe (Förderung)	Smaragd, Jade, Jadeit
Schilddrüse (Regulierung)	Lapislazuli, Rhodonit
Schlafkrankheit	Amethyst
Schlaflosigkeit	Topas, Hyazinth, Bowenit

Symptom/Zustand	Steine
Schlangenbiß	Smaragd, Jaspis
Schlechte Laune	Heliotrop, Smaragd
Schmerzen (allgemein)	Lapislazuli, Rubin, Turmalin
Schutz (Förderung)	Diamant
Schwäche (allgemein)	Hämatit
Schwächende Krankheit	Magnetit, Jaspis
Schwangerschaft (zur Stärkung während der)	Chrysolith, Jaspis
Schweiß	Grüner Saphir
Schweißprobleme	Jadeit
Schwindel	Saphir
Sehvermögen	Malachit, Rosenquarz, Aquamarin, Variscit, Smaragd
Selbstexpansion	Opal, Zirkon, Diamant
Seufzen	Aquamarin, Smaragd, Heliodor
Sexuelle Leistung (höhere)	Padparadscha

Symptom/Zustand	Steine
Sexueller Appetit (Anregen und Steigern)	Padparadscha (oranger Saphir), Roter Bernstein
Sodbrennen	Bergkristall, Olivin, Dioptas, Smaragd
Solarplexus (Sonnengeflecht/Heilung von Krankheiten im)	Dunkelroter Karneol, Amethyst, Opal, Zitrin
Sonnenstich	Chrysopras, Jadeit
Spasmen	Karneol, Dolomit, Diamant, Blauer Zirkon
Stabilisator (Förderung, bei geistiger Gesundheit)	Onyx, Lapislazuli, Azurit
Stärkung	Blue John
Stärkungsmittel für den Geist	Zirkon
Sterilität (Heilung)	Rote Koralle, Padparadscha (oranger Saphir)
Stiche (giftige)	Schwefel, Smaragd, Dunkelroter Karneol
Stimmbänder (Schutz der)	Bernstein, Jett, Turmalin
Stoffwechsel (Anregung)	Sodalit

Symptom/Zustand	Steine
Streit (unter Paaren)	Magnetit
Streß	Dolomit, Spinell
Taubheit	Turmalin
Telepathie (zum Herbeiführen)	Dioptas, Granat, Rubin
Tierkrankheiten	Dioptas
Tollheit	Perle, Koralle, Skapolit
Trägheit	Karneol, Amethyst, Zirkon, Smaragd, Aquamarin, Heliodor
Traurigkeit	Rubin, Padparadscha (oranger Saphir)
Treue (Förderung der)	Rubin
Trunkenheit	Amethyst
Tuberkulose	Perle
Tugendhaftigkeit (Förderung der)	Jade, Jadeit
Tugendhaftigkeit (zur Steigerung)	Jade, Saphir, Perle

Symptom/Zustand	Steine
Tumore	Jett, Amethyst, Saphir
Übersäuerung	Grüner Jaspis, Peridot, Dolomit
Unfälle (Vorbeugung gegen)	Gelber Karneol
Unruhe, Besorgnis (Linderung von)	Sodalith
Unsichtbarer Beschützer	Opal, Sardonyx
Unwissenheit	Heliodor, Karneol
Veränderung im Leben	Lapislazuli, Granat, Perle
Verbrennungen	Chrysopras, Jadeit
Verbrühungen	Smaragd
Verdauung	Olivin
Verdauungsstörung	Turmalin, Jaspis, Dolomit, Peridot
Verfall (physischer)	Perle, Blue John
Vergeßlichkeit	Turmalin, Smaragd, Moosachat
Verjüngungsmittel	Irish Fairy Stone

Symptom/Zustand	Steine
Verkalkung	Granat, Calcit, Skapolith, Koralle, Perle
Verstopfung	Rubin
Verzweiflung	Heliodor
Wachstum (Förderung von)	Sphalerit
Wahnsinn	Flußkiesel, Mondstein, Chalzedon, Bergkristall, Amethyst, Zitrin
Wahnvorstellungen	Karneol
Wahrnehmung (schärfen)	Bowenit, Karneol
Wassersucht	Diamant, Mondstein, Jett
Warzen	Smaragd, oder Einreiben mit Apatit, in Meersalz getaucht
Wechselfieber	Chrysopras
Weisheit (Förderung der)	Karneol, Amethyst
Wilde Tiere (Zähmen von)	Diamant
Willenskraft (Stärkung von)	Rubin, Rote Koralle, Granat
Windpocken	Perle, Topas

Symptom/Zustand	Steine
Wirbelsäule (allgemeine Gesundheit der)	Jaspis, Labradorit, Magnetit, Oranger Granat
Wirbelsäule (Ausrichtung der, z. B. Polarisation)	Hiddenit, Magnetit, Labradorit
Wunden	Granat, Rubin
Wunde Stellen	Aventurin, Amethyst, Quarz
Würmer	Kassiterit, Rubin
Zähne (Kräftigung)	Weiße Koralle, Calcit
Zähne (lockere)	Jett
Zahnfleisch (gesundes)	Pyrolusit
Zahnschmerzen	Jett, Bernstein
Zellerneuerung	Rhodonit, Jaspis
Zellstruktur	Indigolith
Zentralnervensystem	Aventurin
Zuneigung (zur Steigerung)	Rosa-violetter Jadeit
Zwingerhusten (bei Hunden)	Bernstein, Jadeit, Hämatit, Bergkristall

SCHLUSSWORT

In den frühen Jahren dieses Jahrhunderts lebte unter den Sioux-Indianern ein berühmter Medizinmann namens Tantanka-Ohitika. In seiner Jugend hatte er eine Vision, die er gern beschrieb und folgendermaßen festhielt:

»Im Alter von zehn Jahren betrachtete ich das Land und die Flüsse, die Tiere und den Himmel über allem, und ich mußte erkennen, daß eine große Macht sie geschaffen hatte. Ich war so begierig, diese Macht zu verstehen, daß ich die Bäume, die Büsche und die Blumen befragte. Als ich die moosüberzogenen Steine studierte, dünkte es mir, daß einige von ihnen menschliche Züge hatten. Später erschien mir im Traum einer dieser Steine und erklärte, daß meine Suche nach dem Schöpfer bewiesen hatte, daß ich wert sei, übernatürliche Hilfe zu erhalten. Wenn ich in Zukunft die Kranken behandle, so sagte der Stein, brauchte ich nur seine Hilfe anzurufen, und er würde allen Kräften der Natur befehlen, mir zu helfen.«

Mit dieser Vision, die heute als Tantanka-Ohitikas ›Traum vom Heiligen Stein‹ bekannt ist, möchte sich die Autorin von ihren Lesern verabschieden. Steine und Edelsteine gehören zu den kostbaren Geschenken der Natur. Sie bringen Heilung und Harmonie, Weisheit und Mut, Fröhlichkeit, Großzügigkeit und Freude, und ihre Schönheit bereichert die Welt. Sie sind uns zu unserer Freude geschenkt worden. Lassen Sie sie uns benutzen und in ihrer Gesamtheit verstehen.

RATGEBER ESOTERIK

Wege und Wahrheiten für ein besseres und erfolgreiches Leben

08/9507

08/9508

08/9509

08/9510

08/9511

08/9512

08/9513

08/9514